Comunicação e estratégias de mobilização social

Márcio Simeone Henriques (org.)

Comunicação e estratégias de mobilização social

3ª edição

autêntica

CAPA
Victor Bittow
(Sobre foto da Stock Photos)

EDITORAÇÃO ELETRÔNICA
Waldênia Alvarenga dos Santos

REVISÃO
Carolina Rocha

EDITORA RESPONSÁVEL
Rejane Dias

Revisado conforme o Acordo Ortográfico da Língua Portuguesa de 1990, em vigor no Brasil desde janeiro de 2009.

AUTÊNTICA EDITORA LTDA.

Belo Horizonte
Rua Aimorés, 981, 8° andar . Funcionários
30140-071 . Belo Horizonte . MG
Tel.: (55 31) 3214 5700

Televendas: 0800 283 13 22
www.autenticaeditora.com.br

São Paulo
Av. Paulista, 2073, Conjunto Nacional,
Horsa I, 23° andar, Conj. 2301
Cerqueira César . São Paulo . SP .
01311-940
Tel.: (55 11) 3034 4468

C741 Comunicação e estratégias de mobilização social / organizado por Márcio Simeone Henriques. – 3. ed. – Belo Horizonte: Autêntica, 2013.

ISBN 978-85-7526-122-4

104 p.

1.Relações públicas. 2.Comunicação social. I.Título.

CDU 659.4
316.77

SUMÁRIO

PREFÁCIO

O lançamento do livro *Comunicação e Estratégias de Mobilização Social* veio preencher uma lacuna na bibliografia sobre o tema, há muito tempo sentida na área da comunicação social.

O livro, uma produção coletiva coordenada e organizada por Márcio Simeone Henriques, traz uma reflexão teórica sobre o processo de comunicação, especialmente das Relações Públicas, em projetos de mobilização popular desenvolvida a partir de um trabalho prático multidisciplinar realizado no Projeto Manuelzão de revitalização da Bacia do Rio das Velhas em Minas Gerais. Pude testemunhar o entusiasmo e a seriedade com que a equipe se embrenhou na realização do Projeto e simultaneamente envolveu-se na busca de um referencial teórico e na confrontação dos aportes teóricos com a prática. O resultado não poderia ser outro: um texto rico e inovador que pensa a mobilização social num contexto específico de ação dos cidadãos organizados. Os autores perceberam que mobilização social só é possível quando se conhece e se respeita o processo de ação coletiva em questão. Dessa forma, propõem um modelo de análise diagnóstica da comunicação com base nos processos reais de relacionamentos desenvolvidos pelos públicos envolvidos no referido movimento social. Com isso os autores apontam para uma questão importante: não há modelos de intervenção e de ação comunicacional preestabelecidos que sejam aplicáveis para todos os tipos de movimentos sociais. É preciso conhecer profundamente a realidade e detectar as especificidades para poder desenvolver um projeto que respeite os atores coletivos em seus interesses e valores culturais, mas, principalmente, no direito de serem protagonistas principais da ação mobilizadora em prol da ampliação da cidadania.

Os autores compartilham de uma proposta de comunicação nas organizações populares que não se restrinja a um fluxo unidirecional de divulgação, nem de que as Relações Públicas sirvam tão somente para ajudar a conseguir a adesão de públicos, a dar visibilidade e a obter legitimidade pública.

Está em questão uma nova concepção de Relações Públicas, baseada numa postura político-educativa que privilegia o grupo ou a organização popular como sujeito ativo do processo de mobilização social. Ousaria dizer que as organizações populares tendem a exigir de forma progressiva o seu acesso às técnicas e aos meios de comunicação como um direito à liberdade de expressão. É um direito extensivo a todos os cidadãos e suas organizações representativas. Há que se superar a percepção do uso das Relações Públicas e dos meios de comunicação de massa apenas como atividades fim, ou seja, com a finalidade de conscientizar, mobilizar, persuadir, enfim, encher as pessoas de conteúdos crítico-educativos. As mudanças em curso na sociedade apontam para a necessidade de se pensar sua inclusão enquanto atividades meio, ou seja, explorar o potencial educativo gerado pela participação ativa do cidadão em todo o processo de planejamento, produção e execução das estratégias e instrumentos de comunicação. É potencializando a ação coletiva da própria organização popular que as Relações Públicas e demais áreas da comunicação podem contribuir de forma mais duradoura e criativa para a ampliação do exercício da cidadania.

Profa. Dra. Cicilia M. Krohling Peruzzo
Universidade Metodista de São Paulo

INTRODUÇÃO

As reflexões sobre os movimentos contemporâneos de mobilização social têm trazido algumas questões instigantes para o campo da Comunicação que não se circunscrevem apenas no domínio das mídias, seus usos e influências, mas propõem um aproveitamento dos conhecimentos acumulados pela área das Relações Públicas. Estes conhecimentos evoluíram pela aplicação estratégica no âmbito das organizações de técnicas para administrar amplas redes de relacionamento entre elas e os públicos aos quais estão direta ou indiretamente ligadas.

Nesse sentido, nota-se um enorme avanço na tecnologia empresarial, na qual se reconhece hoje a importância da comunicação estratégica – e integrada. Por outro lado, não se trata apenas de promover uma transposição dos conceitos e técnicas aplicáveis a este tipo de organização, a empresarial, para compor planos de comunicação para projetos de mobilização social, que se moldam sob outras formas e princípios – mesmo que para isso assumam formatos jurídico-organizacionais bem estruturados e semelhantes aos modelos empresariais[1]. O crescimento do chamado Terceiro Setor provoca o desafio de buscar formas diferentes de lidar com organizações que se orientam por valores distintos e que podem, por isso mesmo, buscar instrumentos diferentes, mesmo que inseridos numa lógica econômica que as forcem a se orientarem para o mercado.

É possível sustentar, no atual contexto, que a ideia básica da aplicação prática dos conceitos de *marketing* para organizações que não visam o lucro dá sinais inequívocos de ter atingido os seus limites, uma vez que se mostra incapaz de promover um salto qualitativo esperado com a atuação coletiva no âmbito dos movimentos sociais em geral. Por outro lado, a visão tradicional dos públicos como unidades funcionais pouco dinâmicas vai cedendo lugar a uma noção de agrupamentos em forma de rede, essencialmente flexíveis, que precisam ser compreendidos como complexos sistemas de relacionamento.

As dificuldades enfrentadas pelos movimentos da sociedade civil organizada estão à espera de novas

[1] Para efeito prático, não se considerará uma distinção entre os formatos jurídico-organizacionais. O que aqui se define como projeto de mobilização social independe, portanto, do grau de institucionalização, variando de movimentos pouco estruturados até organizações formalizadas como associações, ONG's etc.

definições metodológicas em relação ao diagnóstico e ao planejamento da comunicação. Uma visão a partir dos públicos (e não dos instrumentos) parece ser extremamente útil para posicionar estas questões sob uma ótica humanista e verdadeiramente interessada na participação ampla e democrática.

Esse tipo de abordagem possibilita ainda lidar permanentemente com a questão fundamental com a qual se defrontam os movimentos, que é a de manter os sujeitos motivados e interessados em preservar seu vínculo fundamental. Isso só ocorrerá a partir de uma profunda convicção sobre o valor da causa e a manifestação de sua coerência no cotidiano do movimento. Ao mesmo tempo em que a discussão metodológica para o diagnóstico deve contribuir para um conhecimento partilhado da causa e do movimento, deve também confluir para a construção de estratégias de comunicação também abertas, de tal forma que os próprios sujeitos sejam chamados a pensá-las e concretizá-las.

É nesse sentido que o Laboratório de Relações Públicas Plínio Carneiro, da Universidade Federal de Minas Gerais, criou em 1999, entre seus programas permanentes, o de "Comunicação para a Mobilização Social" (*Mobiliza*), e vem desenvolvendo estudos sobre este tema para aplicação em várias demandas de ensino, pesquisa e extensão.

A singularidade, abrangência e complexidade de projetos mobilizadores com os quais viemos trabalhando gerou a necessidade de composição de modelos de análise próprios. Essa necessidade foi reforçada pela reiterada constatação da grande carência de bibliografia que sistematizasse procedimentos metodológicos atualizados neste campo de atuação. Foi assim que tive o prazer de orientar alunos dedicados que se envolveram na aventura de pesquisar o tema e criar matrizes de leitura para embasar o trabalho de comunicação. Este livro registra esse esforço, já exposto à comunidade científica em várias ocasiões e que vem sendo aplicado repetidamente a outras demandas de mobilização.

Aqui foram reunidos e adaptados três artigos: o primeiro traz uma reflexão sobre as funções e características da comunicação nos projetos de mobilização social, que sintetiza um compromisso ético e busca identificar o papel do profissional de Relações Públicas no planejamento de ações estratégicas desta natureza. No segundo o leitor encontrará a descrição do modelo de análise criado, que propõe uma visão de diagnóstico da comunicação a partir dos vínculos dos públicos com o projeto mobilizador, com uma forma peculiar de segmentação. Aqui julgo ser a parte central deste trabalho. Dentre os artigos, esse foi o primeiro a ser elaborado, a partir da demanda concreta de planejamento de comunicação para o Projeto Manuelzão (um projeto de revitalização da bacia do Rio das Velhas, realizado pela UFMG). O resultado de seu uso prático ensejou o desafio de verificação da aplicabilidade a outras realidades, e com isso, a realização de novos estudos que deram origem aos demais artigos.

No terceiro e último artigo, propõe-se uma análise dos fatores de identificação de projetos mobilizadores como sendo fundamental para compreender o estabelecimento e manutenção de sólidos vínculos de corresponsabilidade e de solidariedade entre os atores sociais. Trata-se de adaptação do trabalho desenvolvido pelos alunos a título de Projeto Experimental para a conclusão de sua graduação em Relações Públicas, sob minha orientação, que envolveu intenso processo de pesquisa e também voltou-se para aplicação prática no Projeto Manuelzão. Este trabalho alcançou a primeira colocação, em 2002, no "Concurso Brasileiro de Monografias e Projetos Experimentais", da Associação Brasileira de Relações Públicas (ABRP), na categoria "Atividades Comunitárias".

Queremos que tais reflexões sejam úteis a todos os que se dedicam de alguma forma à mobilização social, interessados numa visão mais completa e coesa dos processos comunicativos engendrados pela sociedade contemporânea.

Márcio Simeone Henriques

CAPÍTULO I

Relações Públicas em Projetos de Mobilização Social: Funções e características

Márcio Simeone Henriques

Clara Soares Braga

Daniela Brandão do Couto e Silva

Rennan Lanna Martins Mafra

A sociedade contemporânea passa por uma fase de grandes transformações e mudanças. Inovações em todas as áreas do conhecimento e novas tecnologias vêm trazendo contribuições que geram novos saberes para a humanidade. Em contrapartida, novos problemas, oriundos, em parte, destas novas transformações, invadem o cenário social. Na tentativa de sanar essas questões, movimentos sociais, iniciativas privadas e associações das mais variadas formas, que se comprometem com os problemas do homem – e do ambiente em que vive – atingiram maior relevância. Buscam promover autonomamente valores democráticos, direitos humanos e a preservação da natureza. Como afirma Peruzzo (1998, p. 25), "determinadas manifestações em prol da vida adquiriram dimensões significativas em nossos dias – o que pode ser analisado como um despertar das pessoas, das camadas sociais e de povos inteiros para a busca de condições de vida mais dignas, pautadas pelo desejo de interferir no processo histórico, sua vontade de posicionar-se como sujeitos e seu anseio de realizar-se como espécie humana".

A ampliação da sociedade civil, evidenciada principalmente pelo crescimento dos movimentos sociais, lançou novos questionamentos quanto à importância da comunicação na permanência e solidificação destes movimentos. Os *media* adentraram o cenário das reivindicações sociais, alterando a maneira como os movimentos se apresentam, em decorrência das novas possibilidades de transmissão de informações, imagens e conhecimentos e de uma outra postura dos profissionais da Comunicação frente ao desenvolvimento comunitário.

Os movimentos sociais, diante deste espaço mediatizado, procuraram transformar as lutas por reconhecimento em lutas por *visibilidade*. Fazer-se ver e ouvir encontra-se no centro das turbulências políticas do mundo moderno. A busca pela visibilidade vem em função da necessidade de que as reivindicações e preocupações dos indivíduos tenham um reconhecimento público, servindo de apelo à mobilização dos que não compartilham o mesmo contexto espaço/temporal. A grande mídia é vista como um espaço privilegiado para a exposição das causas e ações dos movimentos, visto que oferece "visibilidade ampliada das disputas e controvérsias existentes na vida social e se torna central para a divulgação das produções simbólicas que acontecem nos diversos campos sociais" (FERNANDES, 1999, p. 1).

Entretanto, Toro & Werneck (1996) observam que quanto maior a cobertura do meio de comunicação, menor a sua efetividade. Por buscar a efetividade, a mobilização social deve dar atenção especial a uma comunicação de menor cobertura, mas de maior impacto. Henriques & Mafra (2001, p. 2) salientam que a mobilização, como um processo amplo, não depende, para ser bem sucedida, apenas da simples difusão de informações, como muitos são levados a acreditar, muito embora a visibilidade, a divulgação e a presença na mídia sejam elementos decisivos:

> É necessário um esforço permanente para colocar as questões principais no campo dos *valores*, dos elementos simbólicos com os quais as comunidades operam, em constante atenção para com os múltiplos significados que orientam a vida das comunidades, esforço tal que os grupos constituídos para a ação e suas lideranças podem empreender estrategicamente.

Para garantir uma maior efetividade, a comunicação dirigida deve ser adotada cotidianamente pelos movimentos sociais. Ela tem por finalidade transmitir ou conduzir informações, estabelecendo uma comunicação orientada e frequente com um público identificado. Como estratégia de comunicação dirigida, a interação face a face retoma os contextos interativos de copresença, promovendo uma maior proximidade entre os indivíduos e possibilitando ações mais coesas.

O desafio imposto pelos projetos de mobilização impõe que se procure evidenciar o diferencial da comunicação, por meio de uma reflexão sobre as funções e características que deve assumir para que não seja um fim em si mesma e esteja condizente com uma proposta ética. O objetivo é mostrar que a comunicação, planejada a partir de um horizonte ético, passa a ser um dos principais instrumentos para auxiliar o movimento em seu processo de transformação da realidade.

As estratégias comunicativas e suas funções

A comunicação em projetos de mobilização assume funções específicas, a fim de dinamizar a mobilização e potencializar os movimentos, para que estes não se tornem "simples sequências de ações e reações desarticuladas de pouca representatividade" (Castellis, 1999, p. 2). Entendendo o conceito de Toro & Werneck (1996), em que a mobilização é considerada um processo de convocação de vontades para uma mudança de realidade, por meio de propósitos comuns estabelecidos em consenso, é possível compreender a demanda pela comunicação estrategicamente planejada na estruturação de um projeto mobilizador, uma vez que as pessoas precisam sentir-se como parte do movimento e abraçar verdadeiramente a sua causa. Sendo a participação uma condição intrínseca e essencial para a mobilização, a principal função da comunicação em um projeto de mobilização é *gerar e manter vínculos* entre os movimentos e seus públicos, por meio do reconhecimento da existência e importância de cada um e do compartilhamento de sentidos e de valores.

A vinculação ideal dos públicos aspirada por todo e qualquer projeto de mobilização social encontra-se no nível da *corresponsabilidade*, a fim de que possam ser alcançados plenamente e de forma duradoura os objetivos estabelecidos. A corresponsabilidade existe quando o público age por se sentir responsável pelo sucesso do projeto, entendendo sua participação como essencial ao todo.

Assim, coloca-se como necessário que um projeto de mobilização permita o desencadeamento de ações concretas de cooperação e colaboração, onde os cidadãos se sintam efetivamente envolvidos no problema que se quer resolver e compartilhem a responsabilidade pela sua solução. Isso significa dizer que a comunicação deve ser planejada para estimular a participação destes públicos, devendo estar orientada pelo sentimento de corresponsabilidade.

As estratégias de mobilização, ao almejarem a geração de vínculos deste tipo, buscam transcender as meras ações pontuais, circunstanciais. A condição para isso é o estabelecimento da coesão e da continuidade no projeto, que são a "ponte" entre a ação isolada e a ação corresponsável.

Entretanto, a função básica de gerar e manter vínculos dos públicos com o movimento depende, para ser bem sucedida, do cumprimento de outras funções que devem estar devidamente integradas e articuladas, tais como difundir informações, promover a coletivização, registrar a memória e fornecer elementos de identificação com a causa e o projeto:

(a) Difundir informações – Num nível primário, a rede comunicativa se estabelece por meio da *difusão* (divulgação ou publicização) do tema mobilizador, através da comunicação segmentada, dirigida e de massa, dando visibilidade da iniciativa aos diversos atores que, por algum motivo, tenham sido eleitos como público potencial. Como as pessoas "precisam, no mínimo, de informação para se mobilizar, mas, além disso, precisam compartilhar visões, emoções e conhecimentos sobre a realidade das coisas à sua volta, gerando a reflexão e o debate para a mudança" (Braga & Mafra, 2000, p. 4), a *difusão* de informações a respeito do movimento é fundamental para que as pessoas tenham conhecimento de sua existência, conheçam suas propostas, seus objetivos e possam formar um julgamento sobre ele.

(b) Promover a coletivização – A simples difusão não é garantia de que as pessoas irão se sensibilizar e participar da mobilização. A **coletivização** pode ser alcançada pelo sentimento e certeza de que não se está sozinho na luta pela mudança, há outros atuando com o mesmo sentido e propósito. Distingue-se da simples divulgação porque há um compromisso com os resultados – espera-se que as pessoas não apenas tomem conhecimento da informação, mas incorporem-na de alguma forma, utilizem-na, compartilhem-na e tornem-se, elas próprias, fontes de novas informações. A circulação das informações legitima as ações das pessoas, conferindo-lhes reconhecimento, conectando-as umas às outras pelo sentimento de pertencimento a um grupo com interesses comuns. Esta realimentação se dá principalmente pela constante proposição de agendas comuns para a atuação dos integrantes e pela geração de um fluxo comunicativo em que se possa visualizar a trajetória do movimento e suas conquistas, de forma a orientar os atores e promover a continuidade das ações e dos resultados.

(c) Registrar a memória do movimento – A existência de um banco de dados e outros modos de organização do acervo e da memória do movimento com o intuito de registrar sua trajetória é também fundamental para fortalecer a mobilização. É importante que este acervo seja acessível, disponibilizando suas informações e servindo como uma verificação de pertinência de algumas iniciativas, com base nos resultados obtidos, colocando-se como uma referência para ação.

(d) Fornecer elementos de identificação com a causa e com o projeto mobilizador – Cabe à comunicação uma articulação entre valores e símbolos no processo de construção da identidade de um movimento, estabelecendo de uma maneira estruturada a produção de elementos que orientem e gerem referências para a interação dos indivíduos, possibilitando, assim, um sentimento de reconhecimento e pertencimento capaz de torná-los corresponsáveis. Isso se dá através da detecção de elementos simbólicos comuns que podem ser facilmente decodificados e compartilhados e que melhor traduzam a causa em si e os valores que a ela podem ser agregados. A busca de uma identidade comum, inclusiva, que ajude a organizar a vida comunitária e a solidariedade coletiva, possibilita transcender objetivos instrumentais, mais imediatos, sem o que se torna impossível atingir um grau de conscientização e sensibilização traduzido em uma postura de corresponsabilidade por parte da sociedade. Os atores sociais podem se sensibilizar e se identificar com a beleza e coerência das peças gráficas do projeto, com o ritual das reuniões e eventos que promove, com os valores que defende, com os conhecimentos que dissemina.

Estas peculiaridades da comunicação para projetos de mobilização social são complementares. Há uma sinergia entre elas que pode ser alcançada por meio de um planejamento estratégico, de forma que nenhuma seja negligenciada e que estejam articuladas, em função dos recursos e veículos disponíveis.

A função de gerar reconhecimento é responsável por estabelecer um processo mais complexo de entendimento das informações coletivizadas, passível de fazer com que o ator social seja capaz de reformular seus valores, o que refletirá diretamente em suas atitudes e juízos sobre a realidade em que vive.

As características da comunicação no processo de mobilização

Em um processo de mobilização social, as características da comunicação têm de ser condizentes com uma proposta ética. Cabem iniciativas descentralizadas, distintas de uma comunicação manipulada, autoritária, unidirecional e paternalista.

A comunicação, como uma *coordenação de ações*, é capaz de cumprir com esta proposta ética, sendo adequada à mobilização social. Ela é capaz de desempenhar a função de gerar e manter canais desobstruídos entre públicos e projeto, para que se estabeleçam e sejam mantidos vínculos fortes entre os mesmos.

Para que esta coordenação de ações se estabeleça, é necessário que a comunicação possua alguns atributos que possam manifestar sua proposta ética. Pode-se dizer que a comunicação adequada à mobilização social é, antes de tudo, *dialógica, libertadora e educativa*. Essas características estão intrinsecamente relacionadas, não existindo isoladamente.

A comunicação no processo de mobilização é *dialógica,* na medida em que não é a transferência do saber, mas um encontro de sujeitos interlocutores. Buber (s.d.:p. 03-39) desenvolveu o conceito de relação para designar aquilo de essencial que acontece entre os seres humanos. Isto significa dizer que a existência humana é, por si, uma existência dialógica, porque o homem é um ser de relação.

O autor apresenta duas atitudes distintas do homem face ao mundo ou diante do ser. Uma, de caráter experimental, denominada EU-ISSO, e a outra, de caráter relacional, denominada EU-TU. Na primeira, o homem é um sujeito de experiência e de conhecimento, e o ser que lhe defronta é um objeto que deve ser explorado. Na segunda, o homem é um sujeito de relação e o ser que lhe defronta também é um sujeito, ambos num ato essencial de confirmação mútua. O fenômeno da relação entre estes dois sujeitos é o diálogo, a própria condição de existência do homem no mundo, como ser situado com o outro. Desta forma, existe uma reciprocidade dos sujeitos envolvidos e uma totalidade de ambos como seres presentes e coparticipantes no diálogo.

A atitude do EU-ISSO, em si, não é um mal. Quando coerente e ordenada, é indispensável para a existência humana, e graças a ela a humanidade tem adquirido um avanço científico e tecnológico imenso. Mas ela se torna negativa quando o homem é movido pelo interesse de pautar todos os valores de sua existência unicamente por um caráter exploratório, "deixando, enfim, fenecer o poder de decisão e responsabilidade, de disponibilidade para o encontro com o outro e com o mundo". Quando o homem reduz o outro a mero meio para se alcançar um fim, ele estabelece um contato, de certo modo, unidirecional, de caráter manipulador, numa tentativa de imposição. A manipulação deixa de existir quando no encontro estão presentes a reciprocidade e a totalidade de sujeitos, considerando o homem não como um meio, mas como um fim. A coparticipação neste diálogo é que torna o homem capaz de transformar a realidade que o cerca, sem a invasão e a imposição unidirecional. Assim, a comunicação para mobilização deve ser dialógica, na medida em que defende uma causa de interesse mútuo, que deve ser compartilhada entre os sujeitos, comprometidos com um fim único, comum a todos.

A comunicação para a mobilização social, tendo este caráter dialógico, tenderá também a ser *libertadora*, já que um sujeito não tenta invadir ou manipular o outro, reduzindo-o a mero objeto ou recipiente, mas tenta, com o outro, problematizar um conhecimento sobre uma realidade concreta, para melhor compreender esta realidade, explicá-la e transformá-la. A comunicação eficiente se dá através do acordo entre os sujeitos, ou seja, a expressão de um dos sujeitos tem que ser percebida dentro de um quadro significativo comum ao outro sujeito. "Entre compreensão, inteligibilidade e comunicação não há separação" (Freire, 1982, p. 67).

Nesse sentido, a comunicação também assume um caráter *pedagógico*. Segundo Braga (2001, p. 5-6), "aprender é mudar o repertório e as atitudes", e "a cada momento, através das interações no espaço social e das relações com o mundo natural, o ser humano se modifica, se constrói e elabora sua identidade". A comunicação é grande responsável pelo estabelecimento destas interações entre os indivíduos que, simplesmente, não absorvem os materiais simbólicos comunicados, mas interagem com estes, percebem suas interpelações, reagem e interpretam. "E aí já temos aprendizagem". O autor ainda salienta que "interpretar é usar o seu acervo cultural para digerir as interpelações recebidas". Daí a extrema importância de haver um acordo do quadro significativo dos sujeitos no processo comunicativo.

Adotando um caráter educativo, a comunicação deve gerar referências para a ação e para a mudança de atitudes e mentalidades nos indivíduos. Sendo esta mudança relacionada à experiência direta, sua aprendizagem tem grande parte de espontaneidade, eventualidade, erros e acertos. "Passa-se necessariamente segundo os ritmos e circunstâncias e segundo os modos de inserção das pessoas 'na vida'. É, portanto, diversificada, pessoalizada, necessariamente local e de inserção cultural e etno-orientada" (Braga, 2001, p. 4). Assim, a comunicação para mobilização deve se propor a orientar os indivíduos em seus espaços de interação, ou mesmo criar ambientes, onde as relações e as interações ocorrerão através do diálogo livre entre os sujeitos, e o conhecimento será apreendido e reelaborado através dos próprios contextos da comunidade. Entretanto esta aprendizagem não será simplesmente episódica, difusa ou pontual, mas sim estimulada por uma comunicação que estabeleça "lugares" próprios de interação, superando a pura espontaneidade através da geração de uma referência que direcione a vivência, a troca e a apreensão de novos significados.

Conclusão

Em suma, constata-se que a comunicação passou a ser uma preocupação central na dinâmica dos movimentos sociais. As simples associações espontâneas entre indivíduos mobilizados diante de uma causa se transformaram em projetos com objetivos e estrutura bastante elaborados – verdadeiras instituições com públicos definidos. A sobrevivência desses projetos no novo cenário social, onde a atenção dos indivíduos é disputada entre várias redes de interação, requer uma intervenção mais especializada e profissional da comunicação. É importante o planejamento de estratégias de comunicação para garantir a vinculação dos públicos em um nível ideal e para que não se perca o foco sobre os objetivos que se quer alcançar.

Por outro lado, o planejamento da comunicação em projetos de mobilização comporta um dilema básico, uma vez que a excessiva preocupação com o planejamento acarreta um risco de cristalização do movimento, institucionalizando-o e burocratizando-o a ponto de impedir a vinculação espontânea dos indivíduos, por meio de uma conjugação entre os instrumentos de comunicação e o acesso dos públicos às informações.

Vê-se, portanto, que entender e utilizar a comunicação no processo de mobilização é uma questão bastante complexa. A comunicação é imprescindível para os movimentos sociais sendo, ela própria, o fator de coordenação de ações e de mobilização. No entanto, deve ser plástica e flexível o suficiente para não corromper o dinamismo dos desejos e interesses das pessoas mobilizadas, e, assim, assegurar a participação democrática desses atores.

É neste quadro de referências que o profissional de Relações Públicas deve prever sua ação. Os fundamentos de seu trabalho, diretamente dirigidos à construção do relacionamento entre instituições e públicos, podem garantir a livre expressão dos atores e a continuidade de um processo dialógico que deve compor um projeto mobilizador verdadeiramente democrático. Seu objetivo maior será a abertura de um campo de possibilidades, que será tão mais vasto quanto mais se amplie o horizonte ético da mobilização pretendida.

Referências

BRAGA, Clara S. & MAFRA, Rennan L. M. *Diagnóstico de comunicação do Projeto Manuelzão: a construção de um modelo de análise*. Anais da I Semana de Relações Públicas de Santa Catarina. Itajaí/SC, 2000.

BRAGA, José Luiz. *Aprendizagem versus Educação na Sociedade Mediatizada*. Anais do 10.º Encontro Anual da Associação Nacional de Programas de Pós-graduação em Comunicação – Compós. Brasília / DF: Compós, 2001. (CD-ROM).

BUBER, Martin. *Eu e Tu*. 2. ed. São Paulo: Editora Moraes, s.d.

CASTELLS, Manuel. *O Poder da identidade. A Era da Informação: economia, sociedade e cultura*. São Paulo: Paz e Terra, 1999.

CÉSAR, Regina C. Escudero. As relações públicas frente ao desenvolvimento comunitário. In: *Comunicação e Sociedade*, n. 32. 1996.

FERNANDES, Adélia Barroso. *Papel reflexivo da mídia na construção da cidadania. O caso do movimento antimanicomial – 1987 a 1997*. Dissertação de mestrado. Belo Horizonte: UFMG, 1999.

FREIRE, Paulo. *Extensão ou comunicação?* 6. ed. Rio de Janeiro: Paz e Terra, 1982. 93p.

HENRIQUES, Márcio S. & MAFRA, Rennan L. M. *Estratégias comunicativas para a ação co-responsável: um estudo de caso*. Anais do VIII Simpósio da Pesquisa em Comunicação da Região Sudeste – Sipec. Vitória / ES: VIII Sipec, 2001. (CD ROM)

HENRIQUES, Márcio Simeone. *O planejamento sistêmico da comunicação*. Anais do XXI Congresso Brasileiro de Ciências da Comunicação – Intercom. Recife / PE: Intercom, 1998. (CD-ROM).

PERUZZO, Cicília Maria Krohling. *Comunicação nos movimentos populares*. Petrópolis: Vozes, 1998.

THOMPSON, John B. A reinvenção da publicidade. In: *A mídia e a modernidade*. São Paulo: Vozes, 1998.

TORO A., Jose Bernardo & WERNECK, Nísia Maria Duarte. *Mobilização Social: Um modo de construir a democracia e a participação.* Brasília: Ministério do Meio Ambiente, Recursos Hídricos e Amazônia Legal, Secretaria de Recursos Hídricos, Associação Brasileira de Ensino Agrícola Superior – ABES, UNICEF, 1996, 104p.

CAPÍTULO II

O planejamento da comunicação para a mobilização social: em busca da corresponsabilidade

Márcio Simeone Henriques
Clara Soares Braga
Rennan Lanna Martins Mafra

> Pois o mundo não é humano por ter sido feito pelos homens e tampouco se torna humano porque a voz humana nele ressoa, mas somente quando se torna objeto de diálogo.
>
> *Hannah Arendt*

A constituição dos projetos de mobilização social tem sido um desafio permanente para o qual têm-se canalizado muitos esforços. No que se refere à comunicação como fator preponderante para a tarefa mobilizadora, observa-se com frequência a tentativa de gerar modelos de planejamento aplicáveis à estruturação das ações de comunicação que sirvam para suprir os projetos de suas necessidades básicas: criar condições para a participação e manter os atores sociais engajados em suas causas.

É possível constatar que ao longo do tempo esta preocupação tomou as mais diversas feições, variando ao sabor da conjuntura política. Em todo caso, um problema fundamental sempre foi o de encontrar uma metodologia de trabalho suficientemente organizada, que pusesse em movimento os diversos públicos aos quais determinados projetos de ação social se referem, envolvendo-os de tal forma que garantam o sucesso das causas para as quais se mobilizam.

A solução para tal problema implica em definir, antes de mais nada, a forma pela qual projetos pretendem atingir suas finalidades e os instrumentos que poderão ser utilizados em consonância com a forma escolhida.

Dessa maneira, a geração de um modelo de planejamento respeita, antes de tudo, a uma opção política, orientada por certos valores. Se estes valores, por um lado, podem remeter a um tipo de ação autoritária, paternalista, unidirecional, podem, sob outra perspectiva, propiciar ações abertas, multidirecionais, democráticas, sem abrir mão do planejamento como meio de coordenar e organizar as iniciativas.

A expansão dos movimentos sociais e a necessidade de implementar cada vez mais a mobilização na sociedade civil para a solução dos mais variados problemas e sob as mais diversas formas trazem o desafio de investigar os modelos de planejamento da comunicação que melhor se apliquem às ações democráticas e inclusivas, por meio dos quais se permita alcançar uma corresponsabilidade entre os públicos envolvidos. Ainda mais porque a simples aplicação das técnicas já tradicionais de segmentação e classificação de públicos, tal como se faz em organizações do tipo empresarial ou no planejamento de *marketing*, se mostram insuficientes para compreender a situação dos diversos atores envolvidos a partir dos vínculos que mantém com o projeto mobilizador.

Sendo estes vínculos o conjunto de relações que definem o envolvimento com as causas e com os projetos em si, torna-se pertinente avaliar e problematizar, no diagnóstico da comunicação, como se manifestam estas relações e as suas consequências, bem como avaliar prospectiva e estrategicamente o que cada projeto considera desejável e ideal. A partir desta compreensão, é possível tecer planos coerentes com as visões políticas e os valores que orientam a iniciativa mobilizadora, sem descartar as decisões estratégicas necessárias ao jogo de forças em que irá atuar.

Mobilização, participação e coordenação de ações

Originalmente, o verbo mobilizar significa "dar movimento a"; "por em movimento ou circulação". Toro & Werneck (1996) ampliam este conceito quando dizem que "mobilizar é convocar vontades para um propósito determinado, para uma mudança na realidade". Se uma mudança se faz necessária é porque existem problemas que estão impedindo um bom funcionamento da sociedade. Mobilizar, portanto, é convocar estas vontades de pessoas que vivem no meio social (e optaram por um sistema político democrático) para que as coisas funcionem bem e para todos; é mostrar o problema, compartilhá-lo, distribuí-lo, para que assim as pessoas se sintam corresponsáveis por ele e passem a agir na tentativa de solucioná-lo. Nesse sentido, a mobilização social é a reunião de sujeitos que definem objetivos e compartilham sentimentos, conhecimentos e responsabilidades para a transformação de uma dada realidade, movidos por um acordo em relação a determinada causa de interesse público. Isso não implica a retirada da função do Estado de garantir a integração, a regulação e o bom funcionamento da sociedade. Mas implica que a própria sociedade crie meios de solucionar os problemas com os quais o Estado por si só não seja capaz de lidar.

Numa perspectiva de estruturação dos projetos mobilizadores de forma aberta, multidirecional, participativa e democrática, com a finalidade de acabar com a estagnação e a acomodação dos indivíduos, é preciso colocar estes problemas reais em movimento e circulação na sociedade, para o que é essencial estabelecer estratégias comunicativas. Para se mobilizarem, as pessoas precisam, no mínimo, de informação, mas, além disso, precisam compartilhar um imaginário, emoções e conhecimentos sobre a realidade das coisas à sua volta, gerando a reflexão e o debate para a mudança. Segundo Telles (1999),

> se o espaço público constrói um mundo comum entre os homens, este mundo tem que ser pensa-

> do não apenas como aquilo que é comum, mas como aquilo que é comunicável e que, portanto, se diferencia das experiências estritamente subjetivas e pessoais que podem ter validade na dimensão privada da vida social.

O grande desafio da comunicação, ao mobilizar, é tocar a emoção das pessoas, sem, contudo, manipulá-las, porque se assim for feito, ela será autoritária e imposta. Peruzzo (1998) observa que estes movimentos implicam o exercício da decisão partilhada e requerem a existência de canais desobstruídos, informações abundantes, autonomia, corresponsabilidade e representatividade.

A questão da participação é vital e impulsionadora para os movimentos sociais. Para que pessoas se mobilizem e tomem a decisão de se engajarem em algum movimento, é preciso não só que essas pessoas tenham carências e problemas em comum, mas que compartilhem valores e visões de mundo semelhantes. E, segundo Tacussel (1998), "para que uma mensagem ou significado seja compartilhado, é preciso que ele seja reapropriado de maneira intersubjetiva, ainda que essa reapropriação seja polêmica ou conflituosa", argumentando que "cada relação intersubjetiva na comunidade possui suas fronteiras, e as fronteiras do liame comunitário são espaços de confiança além dos quais certas coisas fazem ou deixam de fazer sentido".

Fatores ligados a questões culturais, históricas e políticas também determinam a decisão de participar.

Como lembra Peruzzo (1998), esta questão está diretamente ligada à experiência histórica de um povo e à sua tradição em relação a uma consciência participativa. A isso soma-se a reprodução de valores autoritários e a falta de conscientização política: "Nossos costumes apontam mais para o autoritarismo e a delegação de poder do que para o assumir o controle e a corresponsabilidade na solução de problemas". Peruzzo cita Maria Esther Dias, que salienta que "transfere-se a alguém, situado em posição superior na hierarquia, a responsabilidade por ações que, na perspectiva de uma prática participativa efetiva, deveriam caber aos componentes do próprio grupo", o que leva à compreensão de que a participação é sempre algo a ser construído e recriado, no âmbito das práticas culturais. Na sociedade brasileira, pelo menos nas duas últimas décadas, essa cultura participativa está sendo impulsionada, principalmente quando se observa a ampliação da sociedade civil, pelo surgimento de um maior número de associações, de movimentos populares e sociais, o que evidencia uma participação voltada para a mudança social.

O conceito de solidariedade, no entanto, transcende o de participação. O sociólogo Herbert de Souza (*apud* Franco, p. 1995) diferencia este conceito do de assistencialismo, quando diz que "solidariedade é um gesto ético, de alguém que quer acabar com uma situação e não mais perpetuá-la" e assistencialismo, em contrapartida, é a geração de um certo comodismo através de situações de ajuda que são constantes.

Segundo Franco (1995), a solidariedade só pode ser praticada no presente, desencadeando uma ação concreta de cooperação e colaboração na tentativa de suprir carências, ao contrário de ações que tentam jogar a solução dos problemas para o futuro, o que transferiria a responsabilidade da solução do problema para outra época e para outros indivíduos. Salientando ainda que a ação concreta e solidária explica-se "pela hipótese da existência de uma consciência moral que apreende o outro (que sofre) como 'um-outro-eu-mesmo' e que induz ao reconhecimento de que 'eu sou responsável pela solução dos carecimentos que acarretam sofrimentos aos meus semelhantes'", o autor desenvolve o conceito de *compaixão* quando esclarece que o sofrimento de um ser humano só pode ser aliviado no presente, pela compaixão de um outro ser humano. Estes conceitos de solidariedade e de compaixão podem ser considerados fundamentais para a geração de um sentimento de corresponsabilidade, impulsionando a participação das pessoas.

Compreendendo o caráter aberto, dinâmico e descentralizado, desejável aos projetos mobilizadores, o fazer comunicativo, mais do que informar, toma por tarefa criar uma interação própria entre esses projetos e seus públicos, através do compartilhamento de sentidos e de valores. Deseja-se, assim, que sejam fortalecidos os vínculos desses públicos com os movimentos e que sejam capazes de tomar iniciativas espontâneas de contribuir à causa dentro de suas especialidades e possibilidades.

Propõe-se então que a comunicação mobilizadora seja entendida como uma *coordenação de ações*, e não como um instrumento de controle das ações. O conceito de coordenação de ações corresponde ao formulado por Maturana (1998): "duas pessoas estão conversando quando vemos que o curso de suas interações se constitui num fluir de coordenação de ações". Isso traz consequências importantes, entre elas a necessidade de gerar permanentemente uma espécie de "congruência recíproca", que permita aceitar legitimamente o outro na convivência.

O desafio da coordenação de ações é justamente o de gerar e manter canais desobstruídos para a comunicação, para que os públicos interajam entre si e com o movimento, de uma forma que não seja caótica e aleatória. O planejamento da comunicação deve existir no sentido de permitir a tomada de posições a respeito de questões críticas e estratégicas e de motivar, associar e integrar os diversos públicos através da criação, da manutenção e do fortalecimento dos vínculos de cada público com o projeto instituído. Por outro lado, como alerta Ferreira (1987), é importante que o planejamento evite uma reificação do método, para que este não se transforme num fim em si mesmo e principalmente que, dentro desta lógica mobilizadora, com estruturas em que cabem iniciativas descentralizadas, ele não caia numa visão tecnocrática, "impedindo os que agem de pensar no que fazem, desvinculando os que pensam dos resultados da ação".

Uma proposta de análise a partir dos vínculos

A complexidade dos próprios movimentos de ação social impõe, portanto, a necessidade de transcender os métodos clássicos de identificação e análise de públicos, considerando as relações sistêmicas que eles estabelecem entre si e com os projetos institucionalizados. Sendo que os públicos, nesses casos, não possuem unicamente uma existência por si próprios, identificável por sua gênese e localização, mas também – e principalmente – pelos tipos de relacionamentos que configuram os seus vínculos com o projeto, torna-se necessário rastrear os caminhos e circuitos por meio dos quais o processo comunicativo em movimento proporcionará uma produção de sentido comum.

O que se propõe é que o diagnóstico da comunicação seja efetuado a partir da problematização de tais vínculos, considerando que podem ser de forma e de natureza diferentes. Para isso, são estabelecidos oito níveis, que podem caracterizar a natureza e a força de tais vínculos: localização espacial, informação, julgamento, ação, continuidade, coesão, corresponsabilidade e participação institucional. A análise destes níveis auxiliará na determinação da posição relativa dos segmentos numa rede característica de projetos de mobilização social (fig. 1).

a) Localização espacial: onde, no espaço real (geográfico) ou virtual estão localizados os públicos dentro do universo de atuação e de influência do projeto. Corresponde ao espaço das relações intersubjetivas tal como definido por Tacussel (1998), em seu conceito de comunidade.

b) Informação: as pessoas podem ter mais ou menos informações sobre um projeto de mobilização social, com maior ou menor nível de detalhamento. As informações também podem ser de vários tipos: informações veiculadas por meios de comunicação, oficiais ou não oficiais; boatos; informações transmitidas pelo contato com a marca, vinheta ou *slogan*; informações sustentadas por dados e pesquisas etc.

c) Julgamento: uma certa quantidade de informações, com determinado nível de detalhamento, gera uma tomada de posição dos públicos em relação ao projeto. O julgamento é a constituição deste posicionamento, que se dá a partir do estabelecimento de juízos de valor. Para a consecução do julgamento, deve-se atentar às estratégias que os diversos públicos constroem para a produção coletiva de sentido, ou seja, aos circuitos comunicativos que, para Fonseca & Costa (1998) se configuram como "caminhos através dos quais o sentido se produz e, como tal, aparecem como possibilidades dentro de uma rede possível de sentidos". Assim ocorre quando a comunicação é capaz de fornecer aos públicos do projeto informações consistentes, que produza um sentido determinado desses públicos sobre o projeto, sentido este que os levem a apoiá-lo, legitimá-lo e defendê-lo.

d) Ação: geração pontual, eventual ou permanente de ideias, produtos, serviços, estudos e contribuições diversas dos públicos para o projeto de mobilização social, que contribuam direta ou indiretamente para os seus objetivos.

e) Coesão: a coesão entre os públicos de um projeto existe quando as ações destes públicos são interdependentes, possuem ligações ou contribuem para um mesmo fim, que podem ser os objetivos gerais ou específicos do projeto. Trata-se, neste nível, de superar ações que sejam meramente fragmentadas e isoladas, que se encerrem em si mesmas e possuam pouca ou nenhuma ligação entre si, dentro de uma certa unidade.

f) Continuidade: as ações dos públicos são permanentes, gerando um processo contínuo de participação. Neste caso, trata-se de superar a pontualidade e a instantaneidade, de maneira que as ações tenham uma determinada permanência e projetem-se num recorte temporal mais amplo.

g) Corresponsabilidade: quando o público se sente também responsável pelo sucesso do projeto, entendendo a sua participação como uma parte essencial no todo. Esta é gerada, basicamente, através dos sentimentos de solidariedade e compaixão, tal como desenvolvidos por Franco (1995).

Figura 1 – Escala de níveis de vinculação

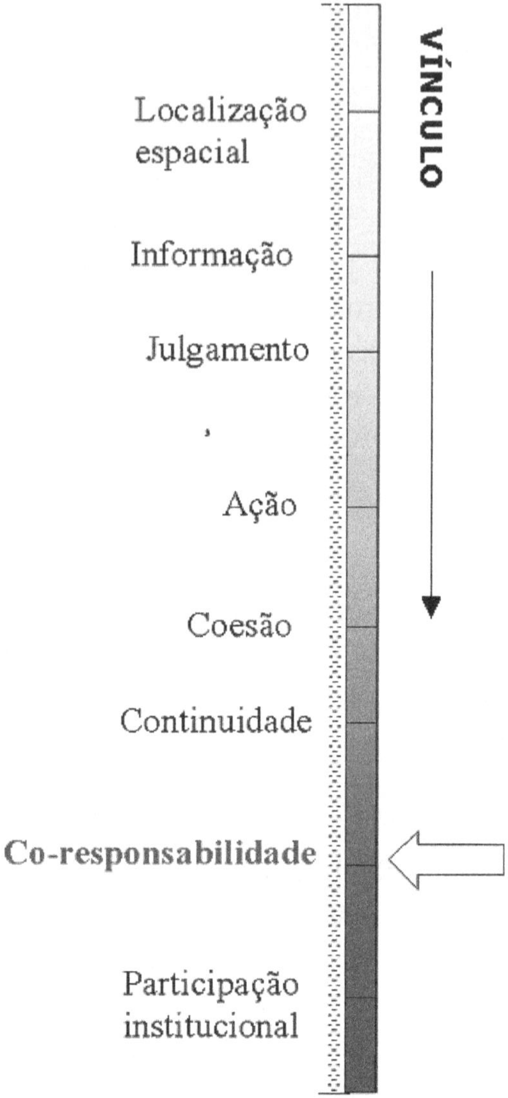

h) Participação Institucional: quando os públicos têm um vínculo materialmente mais forte que se concretiza num nível contratual (por exemplo, a participação institucional de coordenadores, parceiros ou financiadores, através de convênios e contratos). Entretanto, um projeto de mobilização não deve buscar a participação institucional de todos os seus públicos, em todos os momentos, pois assim se descaracterizaria: de um sistema aberto, no qual as pessoas se inserem através da mobilização, passaria a um sistema fechado e pouco flexível, sob o risco do engessamento burocrático que acabe reproduzindo as relações sociais autoritárias que pretende evitar. Isso reforça a ideia de que a busca da participação institucional deve ser uma decisão estratégica.

É importante salientar que os níveis da escala de vinculação não se excluem, mas se somam, de modo que, à medida que um determinado segmento de público nela avança, o seu vínculo com o projeto vai-se fortalecendo.

Colocar estes níveis numa linha progressiva permite entender claramente que a vinculação dos públicos com os projetos de mobilização social é um processo evolutivo, que se constrói através da intervenção da comunicação. A comunicação bem planejada é aquela que possibilita a criação, a manutenção ou o fortalecimento dos vínculos, já que o enfraquecimento dos mesmos, embora sempre possa acontecer, nunca é desejável.

Os projetos de mobilização social se configuram como uma rede na qual o posicionamento dos públicos é sempre dinâmico, mutável. É preciso acompanhar com certa frequência esta dinâmica de interações para que se mantenha uma coerência entre ela e os níveis citados.

Dessa forma, pode-se inferir que o verdadeiro ideal desses projetos deve centrar-se na busca da corresponsabilidade, construída a partir da interdependência e da permanência. E, sendo os níveis de *coesão* e *continuidade* o elo entre a ação isolada e efêmera e a ação corresponsável, a comunicação deve ser planejada principalmente para atuar sobre esses dois pontos.

Em suma, ações corresponsáveis equivalem ao estabelecimento de vínculos fortes. Planejar a comunicação nos projetos de mobilização social, estabelecendo fluxos que tendam à criação da corresponsabilidade, é o caminho mais viável para gerar a participação, a mobilização verdadeira e o efetivo êxito das iniciativas.

Elementos para mapeamento e segmentação dos públicos

Pelas características dos projetos de mobilização social observa-se, a princípio, uma inadequação dos modelos clássicos de segmentação, baseados nas categorias tradicionais de público interno, externo e misto. A inadequação pode ser flagrada na dificuldade de definir, para uma instituição aberta e descentralizada, o que se encontra em suas fronteiras internas e o que se projeta para fora dela e com qual alcance, onde a ideia de interno e externo perde seu sentido.

Ao inserir como critério a força dos vínculos que se constroem ao longo da história da mobilização, trata-se na verdade de examinar o comportamento dos públicos mediante dois fatores cruciais: o *grau de informação* e a *incorporação de valores*. Enquanto o primeiro fator pode ser captado por meios mais objetivos, o segundo, por sua natureza, só pode ser apreendido qualitativamente. Pode-se argumentar que as segmentações clássicas incorporam também dados valorativos, o que é verdade. Porém, a diferença está no fato de que o modelo tradicional estabelece critérios objetivos para a divisão dos públicos e à sua descrição aplica os dados valorativos que são obtidos em diagnóstico, enquanto num modelo como o que aqui se esboça são esses dados valorativos a própria base para a segmentação. Isso também implica dizer que o trabalho de mapeamento de públicos não é uma etapa prévia para analisar os problemas de comunicação, constituindo desde já uma avaliação institucional, que percorre todo o processo.

A importância do grau de informação é facilmente percebida pelos movimentos/organizações que lidam com a mobilização social, tornando-se óbvio que só obterão adesão das pessoas ou grupos a partir da oferta de informações suficientes sobre a causa e sobre eles próprios como instituição. Sem esforço, pode-se observar que muitos destes movimentos parecem apostar apenas numa intensiva circulação de informações junto aos públicos sobre os quais seu interesse é projetado, muitas das vezes por meio do uso intensivo da mídia de massa. Nem é preciso estender esta análise para as dificuldades no trato com a mídia de massa, mas é sempre oportuno lembrar que, se a visibilidade alcançada na mídia tende a ser efêmera e não se presta para a geração de vínculos a longo prazo, por outro lado, pode ser importante instrumento de apoio para lançar o movimento e propor a sua causa, como também para reforçar as suas ações pontuais, seja por uma cobertura da imprensa, seja pelo seu uso publicitário.

O que aqui é chamado de incorporação de valores será, no entanto, o fator decisivo para a construção de um vínculo mais sólido com os movimentos/organizações, mas de modo algum constitui um fator essencialmente novo no cenário dos movimentos sociais. Paulo Freire, por exemplo, destacava a necessidade de compreensão dos processos mobilizadores de grupos ou comunidades como uma ação cultural, e via a comunicação como "a coparticipação dos sujeitos no ato de pensar" e que "implica numa reciprocidade que não pode ser rompida" (Freire, 1982). A geração da corresponsabilidade, como um vínculo ideal entre os públicos e uma causa ou movimento é, portanto, um processo que depende da geração de um lento e contínuo aprendizado e que potencialmente se traduza numa transformação gradual de hábitos e atitudes, construindo novos significados e incorporando valores.

Uma visão de rede

A construção de outro modelo, a partir do qual se possa mapear e segmentar de forma mais dinâmica os públicos de projetos de mobilização social, baseou-se numa abordagem desses movimentos como constituindo uma ampla rede de pessoas, grupos e instituições, mobilizadas com determinada finalidade comum e que tendem a imbuir-se do sentimento de corresponsabilidade. É esse sentimento de corresponsabilidade que garantirá, qualquer que seja a causa, que cada participante seja também considerado um beneficiário de sua própria ação, seja este benefício compreendido de forma direta, podendo ser apropriado pelo próprio participante na melhoria de suas condições imediatas, ou indireta, onde se beneficia de uma melhoria geral das condições de vida, seja qual for o alcance.

A ideia de rede, tal como vem sendo correntemente descrita, é algo que comporta algumas características que aqui serão úteis para a definição dos públicos que se pretende:

a) Plasticidade: sua característica dinâmica faz com que possa adaptar-se constantemente a novos contextos. O ideal de mobilização social deve trabalhar com a possibilidade de incorporação permanente de novos membros, de ampliação da rede, mas também com a ideia de que a própria estrutura da rede pode assumir outros formatos (institucionais) ao longo do tempo sem que isso signifique uma perda de seu objeto (a causa) nem a corrupção dos valores que a motivam.

b) Permanente atualização: a incorporação de novos conhecimentos e de novas práticas faz com que a rede seja passível de permanente atualização.

c) Mobilidade do centro: embora seja possível identificar polos (incluindo aí as lideranças), que auxiliam na organização da própria rede, existe sempre uma possibilidade de deslocamento do centro de referência da rede ou de criação de outros centros, já que permite a ação autônoma dos vários pontos que a compõem.

À primeira vista, tais características parecem conspirar contra a necessidade de coesão e de continuidade, já referidas como condições indispensáveis à geração do vínculo corresponsável mais sólido e duradouro. De fato, o encantamento com a lógica de rede e com os novos dispositivos tecnológicos que podem fomentá-la com incrível velocidade, pode obscurecer (ou até prejudicar) o fenômeno mais lento de incorporação e manutenção dos valores que a sustentam, sugerindo mudanças permanentes. Um problema a ser considerado na geração da corresponsabilidade na mobilização é fazer com que as pessoas se sintam sempre desafiadas a mudar, porém sem descaracterizar a causa e o movimento a ponto de não poderem mais ser reconhecidos. Nunca é demais lembrar a advertência de Freire (1982) sobre a dialética permanência-mudança ao referir-se ao processo educativo: nem tudo pode ser mudado e nem tudo deve permanecer, o que equivale dizer que há sempre uma tensão permanente entre o que deve permanecer e o que deve mudar.

O mapa tridimensional

A ideia de um modelo de mapeamento e segmentação distinto aplicável a projetos de mobilização social orientados para a geração de corresponsabilidade apontou para uma visão dos públicos em três níveis de aproximação que podem ser visualizados na figura 2.

a) Beneficiados (B) – o público beneficiado é entendido como sendo toda as pessoas e instituições que podem ser localizadas dentro do âmbito espacial que o projeto delimita para sua atuação.

b) Legitimadores (L) – grupo de pessoas ou instituições que, localizados dentro do âmbito espacial do projeto, não apenas se beneficiam com os seus resultados, mas, possuindo informações acerca de sua existência e operação, são capazes de reconhecê-lo e julgá-lo como útil e importante, podendo se converter em colaboradores diretos em qualquer tempo.

c) Geradores (G) – grupo de pessoas ou instituições que, localizados dentro do que se define como âmbito espacial do projeto, não apenas se beneficiam com os seus resultados ou dispõem-se a legitimar a sua existência, mas efetivamente organizam e realizam ações em nome do projeto.

Vê-se que a aplicação desse modelo, como já indicado, pressupõe o conceito de corresponsabilidade, uma vez que legitimadores e geradores pertencem ao grande grupo dos beneficiados e assim devem se reconhecer. Não há uma divisão precisa entre os três níveis. Enquanto o público beneficiado pode ser delimitado a partir do nível objetivo da localização espacial, definida a abrangência do projeto, é a própria ação mobilizadora e suas consequências que definirão a existência e conformarão as características e o alcance dos outros dois grandes blocos de públicos. Em princípio, é ideal que o trabalho de comunicação se oriente na direção de ampliar cada vez mais o número de legitimadores – o que se fará à medida que os beneficiados tenham informações suficientes sobre o projeto e que permitam fazer julgamentos positivos e também que se amplie o bloco de geradores – pelo menos até a proporção em que o próprio projeto seja capaz de coordenar e suportar.

Esta forma de classificação dos públicos deve ser compreendida em correspondência com a escala de níveis de vinculação, como pode ser visto na figura 3. Assim, é fundamental que, para inserir-se no grupo de legitimadores, públicos que sejam beneficiados necessitam estar no nível de vinculação do *julgamento* e, da mesma forma, para que os legitimadores passem ao bloco de geradores, passem ao nível da *ação*.

O artifício da divisão pode servir de base para uma segmentação objetiva dentro dos blocos de geradores e de legitimadores. Assim, podem ser considerados geradores ou legitimadores indivíduos ou grupos (institucionalizados ou não) e que podem ser classificados por categorias, se necessário.

A grande tarefa é a de dimensionar cada bloco, dada a mobilidade dos sujeitos. O bloco de geradores pode ser mapeado em recortes de tempo sucessivos, buscando quantificar e localizar as pessoas ou grupos que efetivamente trabalharam ou trabalham em ações do projeto, mas mesmo assim, há participantes mais constantes ao lado de outros eventuais. O mais importante é detectar quão próximos estão do nível de corresponsabilidade e se manifestam tendencialmente nessa direção. Do contrário, poderá ser detectada uma tendência à descontinuidade e à fragmentação que pode indicar uma decadência da mobilização. Outra observação importante para o diagnóstico é se este bloco tende a se cristalizar, restringindo-se à participação de alguns membros do movimento e perdendo a sua capacidade de incorporar novos participantes. Dependendo da dimensão do movimento, pode-se conhecer este bloco através de instrumentos simples de pesquisa e diagnóstico, basicamente qualitativos (entrevistas, grupos de discussão etc.).

Figura 2- Mapa tridimensional dos públicos

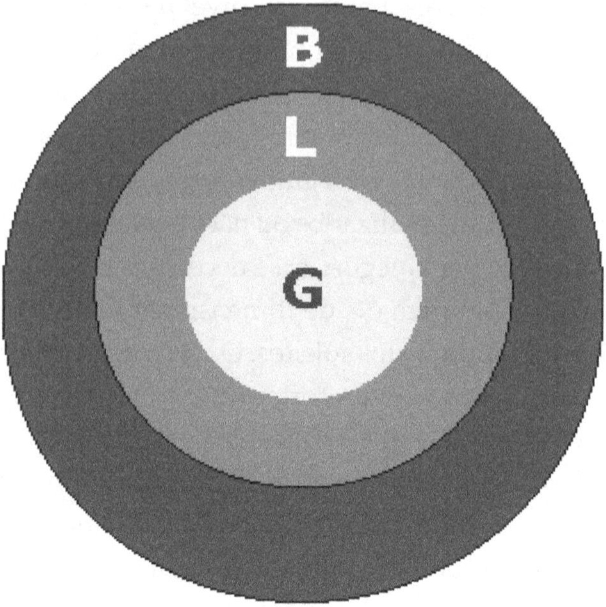

LEGENDA
B – Beneficiados
L – Legitimadores
G – Geradores

Figura 3- Escala e públicos

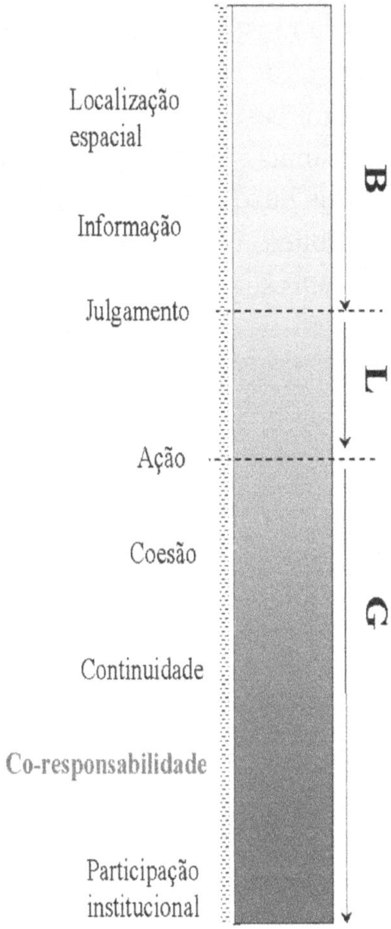

LEGENDA
B – Beneficiados
L – Legitimadores
G – Geradores

Por sua vez, o bloco de legitimadores pode se constituir numa enorme reserva que pode, a qualquer momento, ser acionada para envolver-se em ações mais efetivas. Isso se mostrará particularmente importante em momentos de crise. Sua maior dimensão e dispersão em muitos casos exigirá metodologia de pesquisa de opinião mais apurada. Pesquisa de imagem institucional que busque testar o conhecimento e a percepção do público em geral pode oferecer um dimensionamento mais seguro deste conjunto.

Referências

CASTELLS, Manuel. *A Sociedade em Rede*. 2.ed. São Paulo: Paz e Terra, 1999. 617p. (A Era da Informação: Economia, Sociedade e Cultura – Vol. 1).

FERNANDES, Rubens César. Terceiro setor. In: *Privado porém público: o terceiro setor na América Latina*. Rio de Janeiro: Relume-Dumará, 1994. 2. ed.

FONSECA, Cláudia G. da. *A comunicação e a produção de sentido sobre a saúde*. Geraes – Revista de Comunicação Social – Belo Horizonte: UFMG, n. 49, 1998. p. 39-43

FONSECA, Magna Pataro; COSTA, Maria da Conceição Baêta da. *Educação, comunicação e mobilização social: instrumentos e sensibilização para limpeza urbana em Belo Horizonte*. Belo Horizonte: Secretaria Municipal do Meio Ambiente, 1996.

FRANCO, Augusto de. *Ação local – a nova política da contemporaneidade*. Brasília / Rio de Janeiro: Ágora / FASE, 1995.

FREIRE, Paulo. *Extensão ou Comunicação?* 6. ed. Rio de Janeiro: Paz e Terra, 1982. 93p.

HABERMAS, Jürgen. *Direito e democracia – entre faticidade e validade*. Rio de Janeiro: Tempo Brasileiro, 1997.

HABERMAS, Jürgen. *Teoria de la accion comunicativa*. Madrid; Taurus, 1987.

HENRIQUES, Márcio S., BRAGA, Clara S. & MAFRA, Rennan L. M. *Planejamento de Comunicação para projetos de mobilização social: em busca da co-responsabilidade*. Anais do XXIII Congresso Brasileiro de Ciências da Comunicação- Intercom. Manaus / AM: Intercom, 2000. (CD-ROM).

HENRIQUES, Márcio Simeone. *O planejamento sistêmico da comunicação*. Belo Horizonte. 1998.

LIMA, Venício A. de. *Comunicação e Cultura: as ideias de Paulo Freire*. Rio de Jeneiro: Paz e Terra, 1981. 167p.

MATURANA, Humberto. *Emoções e linguagem na educação e na política*. Belo Horizonte: Editora UFMG, 1998.

PERUZZO, Cicília Maria Krohling. *Comunicação nos movimentos populares*. Petrópolis: Vozes, 1998.

TACUSSEL, Patrick. *Comunidade e Sociedade: a partilha intersubjetiva do sentido*. Geraes – Revista de Comunicação Social – Belo Horizonte: UFMG, n. 49, 1998. p. 3-12.

TELLES, Vera da Silva. *Direitos sociais. Afinal do que se trata?* Belo Horizonte: Editora UFMG, 1999.

TORO A., Jose Bernardo & WERNECK, Nísia Maria Duarte. *Mobilização Social: Um modo de construir a democracia e a participação*. Brasília: Ministério do Meio Ambiente, Recursos Hídricos e Amazônia Legal, Secretaria de Recursos Hídricos, Associação Brasileira de Ensino Agrícola Superior – ABES, UNICEF, 1996, 104 p.

CAPÍTULO III

Fatores de Identificação em Projetos de Mobilização Social[1]

Clara Soares Braga
Daniela Brandão do Couto e Silva
Rennan Lanna Martins Mafra

> Os humanos são capazes de se ver no ato de ver, capazes de pensar suas emoções e de se emocionar com os seus pensamentos. Podem se ver aqui e se imaginar adiante, podem se ver como são agora e se imaginar como serão amanhã. Identificar é a capacidade de ver além daquilo que os olhos olham, de escutar além daquilo que os ouvidos ouvem, de sentir além daquilo que toca a pele, e de pensar além do significado das palavras.
>
> *Augusto Boal*

Durante muito tempo, a teoria das Relações Públicas esteve baseada no funcionalismo estreitamente

* Adaptação do Projeto Experimental apresentado como requisito para graduação em Comunicação Social – habilitação Relações Públicas, sob orientação do Prof. Márcio Simeone Henriques (julho de 2001).

vinculado ao desenvolvimento do capitalismo. Devido às recentes exigências de posturas mais engajadas do profissional, que remontam pelo menos à década de 1980, e aos discursos voltados à qualidade de vida do homem em sua comunidade, surgiu uma demanda por um trabalho comprometido com os interesses dos diversos segmentos sociais. O trabalho da área não podia mais voltar-se apenas para as empresas e o governo, como ficava patente nos currículos das faculdades de comunicação e na literatura disponível. Ele devia estender-se a qualquer tipo de organização e também aos movimentos sociais. César (1998) propõe o engajamento do profissional de Relações Públicas na dinâmica social e a reformulação do enfoque teórico que orienta sua atuação, a fim de acompanhar as exigências e transformações ocorridas na sociedade civil.

O profissional de RP está apto a planejar a comunicação de uma forma global e não limitada a um instrumento ou a um público. Sua atuação é uma valiosa contribuição para as organizações e para os movimentos sociais, podendo minimizar situações de crise e potencializar resultados positivos, à medida que possibilita conhecer os públicos e criar e manter relacionamentos bem sucedidos com eles.

Constata-se que existe uma carência de estudos empíricos e bibliográficos na área de Relações Públicas voltados para a comunicação nos movimentos sociais. Todo projeto de mobilização necessita de um planejamento de comunicação social capaz de promover essa vinculação com os membros atuantes e potenciais, alimentando o circuito de informações que mantém coeso o grupo. Essa forma de planejamento é bem diferente da forma de planejar a comunicação em uma empresa. Em uma empresa, é possível categorizar os públicos, classificando-os em segmentos (interno, externo, misto, por exemplo). Em um projeto de mobilização, não é suficiente a manutenção de um público apenas pela projeção de interesses sobre ele e deste sobre o projeto. O ideal é que o público seja incorporado, de forma que ele se torne o próprio grupo gerador do projeto.

Os movimentos sociais

Os movimentos sociais ficaram mais evidentes a partir de um novo elemento no panorama do século XX: o desenvolvimento dos *media*. Estes adentraram o cenário das reivindicações sociais, alterando a maneira como os movimentos se apresentavam, a partir de novas possibilidades de transmissão de informações, imagens e conhecimentos, transformando sua configuração e a dinâmica da mobilização. Conforme Castelis (1999, p. 18), os meios de comunicação passaram a cumprir um papel de infraestrutura organizacional dos movimentos, sendo fundamentais para que estes não se tornem "uma simples sequência de reações desarticuladas de pouca representatividade".

Os movimentos sociais são, em um contexto amplo, ações coletivas orientadas para a mudança. Segundo Toro & Werneck (1996), a capacidade das pessoas de promover mudanças vem da incorporação dos sentimentos de democracia, cidadania, produtividade e da noção do que é público.

A democracia é uma ordem social "autofundada": suas leis e normas são construídas pelos mesmos que as vão cumprir e proteger. Assim, os males da sociedade são o resultado da ordem social que nós mesmos criamos. Aceitar essa responsabilidade pela realidade é obrigar-se a tarefa de transformá-la, saindo de uma atitude de fatalismo. O cidadão é aquele capaz de criar e transformar, com outros, a ordem social.

Já o conceito de produtividade não corresponde à capacidade de produzir dinheiro, mas sim riqueza, de forma racional e adequada, possibilitando uma vida digna para todos.

Finalmente, público não é o que vem do governo, mas o que, através da deliberação e da competição de interesses, do consenso e de acordos, convém a todos. Pelo fato da América Latina ter sido colonizada não por cidadãos em busca de uma terra para viver (como na América do Norte), mas pela dominação cultural de governos em busca de riquezas para explorar, nossa sociedade civil ainda está em construção e há essa confusão entre o que é do governo e o que é público, o que gera o costume do paternalismo.

As características mais fundamentais dos movimentos sociais são a "existência de um sistema de valores ou ideologia, um sentido de identidade comum, normas para a ação e uma forma de estrutura organizacional para se obterem os fins do movimento" (Killian, 1964 *apud* Quesada, 1980, p. 53).

Segundo Sherer-Warren (1999), existem três tipos de movimentos sociais: os movimentos de denúncia, protesto, explicitação de conflitos e oposições organizadas – *contestadores*; os movimentos de cooperação, parcerias para resolução de problemas sociais e ações de solidariedade – *solidarísticos*; e os que buscam a construção de uma utopia de transformação, com a criação de projetos alternativos e de propostas de mudança – *propositivos*. Isso não significa que cada movimento social seja apenas de um tipo; muitos deles são híbridos, possuindo ao mesmo tempo essas três dimensões.

Castellis (1999) define três princípios básicos para os movimentos sociais:

- **a IDENTIDADE** – é como o movimento se autodefine, a partir de suas práticas, valores e discursos; o resultado de seu pertencimento a determinadas estruturas incorporadoras de uma pluralidade de registros.
- **o ADVERSÁRIO** – principal inimigo do movimento; é a identidade pela afirmação da diferença, da criação de um *nós* pela delimitação do *eles*.
- **a META SOCIETAL** – visão do movimento sobre o tipo de ordem ou organização social que se almeja no horizonte da ação coletiva que promove.

Dentre os movimentos sociais, estão os movimentos ambientalistas, que surgiram no final dos anos 60 no topo de uma reversão radical das formas como as pessoas pensam as relações entre economia, sociedade e natureza. Defendem a integração e a cooperação entre o homem e a natureza através da criação de uma identidade sociobiológica, na qual a espécie humana é vista como um componente da natureza (CASTELLIS, 1999). Reúnem uma dimensão contestadora (de repúdio à exploração e à degradação ambiental), solidarística (em relação aos seres-vivos em geral e aos próprios seres-humanos, vistos como irmãos ao compartilharem um mesmo planeta, uma mesma morada) e propositiva (propõe a preservação da natureza e a transformação da realidade através da mudança de valores, posturas e atitudes – uma reeducação cultural nas dimensões simbólica e pragmática).

Em movimentos ambientalistas, no que se refere à espacialidade das ações, é adotada a lógica de "pensar globalmente e agir localmente". Esta mentalidade possibilita uma integração da diversidade e um respeito às diversas culturas e, ao mesmo tempo, conecta todos os movimentos numa utopia única de valorização do ser humano e melhoria do espaço mundial. Além disso, esta "glocalização" valoriza o ato de mudança, agregando valor às ações, desde as mais simples e praticamente imperceptíveis por muitos até as de maior visibilidade, colocando-as como parte integrante de uma transformação, buscada por todos os movimentos juntos, responsável por trazer uma felicidade plena à humanidade por inteiro.

A forma de abordar a perspectiva temporal também é peculiar. O movimento ambientalista lida com o conceito da relação homem/natureza através do processo evolucionário e de longo prazo. Isto porque a absorção e o tratamento cotidiano das questões ambientais pela sociedade implica uma mudança de hábitos culturais bastante arraigados. A mudança do comportamento exige comprometimento dos cidadãos com a causa sociobiológica e ações contínuas incorporadas à ação mecanizada e "inconsciente" do cotidiano. Esse processo de conscientização e aprendizado se dá em um período de tempo prolongado, não acontece do dia para a noite. Dessa forma, a comunicação, em projetos de mobilização em geral, por ajudar na mudança e no compartilhamento de valores, também deve ser compreendida como um processo complexo, elaborado, de longo prazo.

A comunicação no processo de mobilização

Adotando o conceito de Toro & Werneck (1996), entende-se a mobilização como um processo de convocação de vontades para uma mudança de realidade, através de propósitos comuns estabelecidos em consenso. Envolve o compartilhamento de discursos, visões e informações e, por isso, exige ações de comunicação em seu sentido mais amplo.

> As pessoas precisam, no mínimo, de informação para se mobilizarem, mas, além disso, precisam compartilhar visões, emoções e conhecimentos sobre a realidade das coisas à sua volta, gerando a reflexão e o debate para a mudança. (Braga & Mafra, 2000, p. 4).

O desafio da comunicação em projetos de mobilização social é gerá-la de forma participativa. Cabem iniciativas descentralizadas do fazer comunicativo, distintas de uma comunicação manipulada, autoritária, unidirecional e paternalista.

Basicamente, pode-se dizer que o caráter dialógico, libertador, educativo e de coordenação de ações é atributo de uma comunicação adequada aos movimentos sociais. A comunicação no processo de mobilização é dialógica, na medida em que não é a transferência do saber, mas um encontro de sujeitos interlocutores. A coparticipação no diálogo é que torna o homem capaz de transformar a realidade que o cerca, sem a invasão e a imposição unidirecional.

A comunicação para mobilização, tendo este caráter dialógico, é também libertadora, já que um sujeito não tenta invadir ou manipular o outro, reduzindo-o a mero objeto ou recipiente, mas tenta, com o outro, problematizar um conhecimento sobre uma realidade concreta, para melhor compreender esta realidade, explicá-la e transformá-la.

Nesse sentido, a comunicação também assume um caráter pedagógico. Segundo Braga (2001, p. 5-6), "aprender é mudar o repertório e as atitudes" e "a cada momento, através das interações no espaço social e das relações com o mundo natural, o ser humano se modifica, se constrói e elabora sua identidade". A comunicação é grande responsável pelo estabelecimento destas interações entre os indivíduos que, simplesmente, não absorvem os materiais simbólicos comunicados, mas interagem com estes, percebem suas interpelações, reagem e interpretam.

Compreendendo o caráter aberto, dinâmico e descentralizado dos projetos de mobilização, a comunicação deve ser entendida como uma coordenação de ações e não como um instrumento de controle das ações. O desafio da coordenação de ações é o de gerar e manter canais desobstruídos para que os públicos interajam entre si e com o projeto. Mais do que informar, a ação comunicativa, em projetos de mobilização, tem a função de criar e manter *vínculos*, uma interação própria entre seus públicos, através do compartilhamento de sentidos e de valores.

Na parte II deste livro é proposta e descrita uma escala na qual os públicos podem ser comparados a partir do nível de vinculação que estabelecem com os projetos de mobilização. São propostos critérios (níveis) que caracterizam a natureza e a força da vinculação: localização espacial, informação, julgamento, ação, continuidade, coesão, corresponsabilidade e participação institucional. Os critérios são colocados numa linha progressiva, para indicar que a vinculação dos públicos é um processo que pode ser construído a partir da intervenção da comunicação.

Os públicos dos processos de mobilização dividem-se em três grandes blocos: *beneficiados, legitimadores e geradores* (v.fig. 2 na Parte II). Os beneficiados são aqueles que, conscientemente ou não, terão algum benefício direto ou indireto com a interferência realizada pelo movimento. Os legitimadores são considerados os públicos que tornam o projeto legítimo, reconhecendo-o publicamente como autêntico. O que faz com que um público beneficiado se torne legitimador é a formação de um *julgamento*, de um juízo de valor positivo em relação ao projeto. Já os geradores são os públicos que realizam qualquer *ação* que contribua para os objetivos gerais ou específicos do projeto.

A vinculação ideal dos públicos aspirada por todo e qualquer projeto de mobilização social encontra-se no nível da corresponsabilidade, que existe quando o público gerador age por se sentir responsável pelo sucesso do projeto, entendendo sua participação como essencial ao todo. Essa disposição do público à participação é alcançada pelo sentimento de solidariedade e se caracteriza por uma compreensão dos problemas comuns de todos os envolvidos no movimento.

Assim, coloca-se como necessário que um projeto de mobilização permita o desencadeamento de ações concretas de cooperação e colaboração, onde os cidadãos se sintam efetivamente envolvidos no problema que se quer resolver e compartilhem a responsabilidade pela sua solução. Isso significa dizer que a ação comunicativa deve ser planejada para fazer crescer o bloco de públicos geradores e a participação destes públicos deve estar orientada pelo sentimento de corresponsabilidade.

As estratégias de mobilização, ao almejarem a geração de vínculos de corresponsabilidade, buscam transcender as meras ações pontuais, circunstanciais. A condição para isso é o estabelecimento da *coesão* e da *continuidade* do projeto, que são a "ponte" entre a ação isolada e a ação corresponsável.

A coesão entre os públicos de um movimento social existe quando as ações deste público são interdependentes, possuem ligações ou contribuem para um mesmo fim, podendo ser os objetivos gerais ou específicos do projeto. Trata-se de superar ações que sejam meramente fragmentadas e isoladas, se encerrem em si mesmas e possuam pouca ou nenhuma ligação.

A continuidade diz respeito à permanência das ações dos públicos, capaz de gerar um processo contínuo de participação. Neste caso, trata-se de superar a pontualidade e instantaneidade, de maneira que as ações tenham uma determinada periodicidade e projetem-se num recorte temporal mais amplo.

Dentre os públicos geradores, destaca-se o papel de três atores sociais, que Toro & Werneck (1996) classificam como *produtores, reeditores* e *editores*. Os produtores são aqueles que estão propondo o processo, que vislumbraram primeiro a sua relevância. Cabe a eles articular a formulação do imaginário, formular os objetivos e os meios para alcançá-los. Os reeditores são as pessoas que na sociedade têm público próprio; modificam, introduzem ou eliminam mensagens dentro do seu público. Os editores transformam o conteúdo proposto em mensagens adequadas a cada grupo de reeditores; identificam e estruturam as redes de reeditores em cada um dos níveis de ação. Asseguram o permanente fluxo de informações entre eles.

Para dar início ao processo de mobilização, após a definição dos objetivos e das linhas de ação, devem-se estruturar as redes de reeditores, identificando pessoas na sociedade capazes de coordenar o processo de mudança em seu campo de atuação. Os reeditores devem promover ações locais, ao alcance das pessoas, mas que se refiram sempre aos valores gerais.

Além da interferência no processo de vinculação, a comunicação em projetos de mobilização também apresenta outras funções que podem ser destacadas. Ela deve ser instrumento para o compartilhamento, o mais abrangente possível, de todas as informações relacionadas com o movimento (coletivização), gerando nos indivíduos a certeza de que aquilo que fazem, em seu campo de atuação, está sendo feito por outros, com os mesmo propósitos e sentidos. Isso dá coesão e estabilidade a um processo de mobilização, devendo ser feita a partir dos modelos de comunicação que garantem uma maior efetividade. É preciso que as pessoas tenham conhecimento dos objetivos, metas e prioridades da mobilização, sintam-se seguras quanto à valorização de sua forma de pensar e sintam a confiança dos outros participantes. Não haverá um engajamento se houver instabilidade – deve existir um apoio, algo sólido por detrás do movimento, da ação de cada um que transpire um sentimento de pertencimento e valores que transcendem a causa.

O que distingue a coletivização da simples divulgação é seu compromisso com os resultados. Espera-se que as pessoas não só tomem conhecimento da informação, mas a incorporem de alguma forma, utilizem-na, compartilhem-na e tornem-se elas próprias fontes de novas informações.

Espera-se que o fato de oferecer informações sobre o projeto de mobilização e seu tema gerador a um público potencial seja capaz de motivar os diversos segmentos a algum tipo de ação efetiva, para o que, além da mera informação, é preciso fornecer elementos de *identificação* com os temas. Isso se dá através da detecção de elementos simbólicos comuns que podem ser facilmente decodificados e compartilhados e que melhor traduzam a causa em si e os valores que a ela podem ser agregados.

Os modelos de comunicação que podem ser utilizados no processo mobilizador são a comunicação de massa, a comunicação macrointencional (segmentada) e a comunicação dirigida.

A *comunicação de massa* é fundamental para difundir e dar legitimidade à causa, aumentando a sua força de convocação, tanto para o reeditor quanto para a opinião pública, e dando visibilidade aos resultados.

Antes do desenvolvimento da mídia, a interação entre os indivíduos ocorria em contextos de copresença, de forma que a visibilidade dependia da partilha de um lugar comum. A esfera pública dificilmente se estendia para além das interações face a face. Com o advento da imprensa, e posteriormente da mídia eletrônica, desenvolveu-se um novo contexto de interação através da publicidade mediada – um espaço não localizado espacial e temporalmente (Thompson, 1998).

Os movimentos sociais, diante desse espaço mediatizado, procuraram transformar as lutas por reconhecimento em lutas por visibilidade. Fazer-se ver e ouvir encontra-se no centro das turbulências políticas do mundo moderno. A busca por um grau de visibilidade na mídia vem em função da necessidade de que as reivindicações e preocupações dos indivíduos tenham um reconhecimento privilegiado, servindo de apelo de mobilização para os que não compartilham o mesmo contexto espaço/temporal. A mídia configura-se como um espaço público, visto que oferece "visibilidade ampliada das disputas e controvérsias existentes na vida social e que se torna central para a divulgação das produções simbólicas que acontecem nos diversos campos sociais" (Fernandes, 1999, p. 1).

Em um certo sentido, os movimentos sociais buscam instrumentalizar os meios de comunicação de massa locais para a divulgação de seus pleitos e questões, pressionando assim o processo de formulação de decisões e políticas públicas. Alguns movimentos e associações civis chegam a tornar-se fonte de consulta para a mídia local devido à sua competência em campos de conhecimentos específicos relevantes, utilizando também os espaços abertos nos meios de comunicação local para fazer seus comunicados e divulgar seus eventos.

Entretanto, a nova arena pública possibilitada pela visibilidade mediada, apresenta uma série de limitações que levam a questionar se essa visibilidade de fato guarda o poder de levar indivíduos dissociados a sentirem-se convocados à mobilização social. Em primeiro lugar, a publicidade midiática não tem por si mesma um caráter dialógico, já que os produtores e receptores de formas simbólicas mediadas, em geral, não estabelecem uma relação num mesmo grau de reciprocidade e não se encontram em uma totalidade simultânea no ato comunicativo. "É um 'espaço' no sentido de que é uma esfera aberta de possibilidades na qual formas simbólicas mediadas podem aparecer; mas não é um 'lugar', isto é, um local particular no qual os indivíduos podem agir e interagir" (Thompson, 1998, p. 213). Em segundo lugar, existe uma série de contradições do espaço público mediatizado. A primeira delas é a que Wolton (1995, p. 169) denomina "tirania do acontecimento": "o tempo da informação está literalmente reduzido apenas à duração do instante". Ora, a mobilização é um processo gradual que envolve a criação e o compartilhamento de valores entre os indivíduos que participam dos projetos sociais. Não é a notícia "do momento", esquecida após deixar de ser novidade, que vai levar à criação de um valor coletivo capaz de gerar mobilização. A mídia, através do "imperialismo do *news*" pode causar comoção pública para as causas sociais e até mesmo ser o estopim para uma mudança de realidade. Mas a tendência é que as ações provocadas a partir desse "tiro inicial" não tenham tanta continuidade, a não ser dentro dos segmentos diretamente envolvidos na situação. Além disso,

> há um "conhecimento" da realidade que precisa de tempo e de uma certa experimentação, que são ambos, de certa forma, contraditórios com o esquema racional que predomina nas nossas sociedades, com a lógica do acontecimento, a instantaneidade das sondagens, a frieza das estatísticas e a distância dos inquéritos. (Wolton, 1995, p. 171)

Outro ponto é que existe uma desproporção entre a visibilidade dos valores veiculados pelos *media* e aqueles que estão presentes na sociedade. A mídia torna visível um certo número de representações publicizadas, mas não é capaz de tratar com a complexidade daquilo que se vive numa sociedade.

Finalmente, é preciso considerar a especificidade do discurso mobilizador: ele deve ser um discurso aberto, planejado para criar uma sensação de pertencimento a determinada realidade, de forma que os indivíduos, por conta própria e a partir de seus valores, da sua subjetividade, avaliem a realidade, decidindo participar ou não dos movimentos sociais. Isso só acontece se for adotada outra atitude diante do processo de comunicação: da ideia de que é preciso falar para convencer deve-se passar para a noção de que é preciso falar e será o público que formará a sua própria ideia. Entretanto, a grande mídia ainda pode guardar uma certa dose de manipulação, colocando os receptores, em alguns momentos, como peças passivas do processo de interação comunicativa.

Diante destas considerações, conclui-se que a mídia configura-se como um espaço importante de divulgação e legitimação das causas por fornecer uma visibilidade ampliada e por ser o elo com a opinião pública. Entretanto, pelas limitações apresentadas, a visibilidade midiática não deve ser a principal estratégia buscada para gerar a identificação dos indivíduos e a participação efetiva em um processo de mobilização.

Toro & Werneck (1996) observam que quanto maior a cobertura do meio de comunicação, menor a sua efetividade. Por buscar a efetividade, a mobilização social deve dar atenção especial a uma comunicação de menor cobertura, mas de maior impacto. "Vista como um processo amplo, a mobilização não depende, para ser bem sucedida, apenas da simples difusão de informações, como muitos são levados a acreditar, muito embora a visibilidade, a divulgação e a presença na mídia sejam elementos decisivos. É necessário um esforço permanente para colocar as questões principais no campo dos valores, dos elementos simbólicos com os quais as comunidades operam, em constante atenção para com os múltiplos significados que orientam a vida das comunidades, esforço tal que os grupos constituídos para a ação e suas lideranças podem empreender estrategicamente" (Henriques & Mafra, 2001, p. 2).

Desta forma, para garantir uma efetividade e uma cobertura mais específica, a comunicação macrointencional e a comunicação dirigida devem ser priorizadas pelo movimento. A comunicação macrointencional diz respeito a um fluxo contínuo de informações dos produtores para reeditores determinados. Este fluxo deve existir para que as ações locais não sejam desatualizadas ou incoerentes com a causa, uma vez que a mobilização social, por seu caráter essencialmente dinâmico, é um processo passível de permanente atualização e redefinições estratégicas. Ela é "orientada para gerar modificações nos campos de atuação dos reeditores, em função de um propósito coletivo" (Toro & Werneck, 1996, p. 59).

Já a comunicação dirigida (ou microintencional) deve ser entendida como o processo que tem por finalidade transmitir ou conduzir informações, estabelecendo uma comunicação orientada e frequente com um público identificado. Como estratégia de comunicação dirigida, a interação face a face retoma os contextos interativos de copresença, promovendo uma maior proximidade entre os indivíduos e possibilitando ações mais coesas.

É necessário que o composto comunicacional de um movimento social, constituído por esses três modelos, esteja sempre coerente com o caráter próprio da mobilização. Nesse sentido, o planejamento da comunicação deve buscar, dentro de um objetivo mais amplo, estabelecer uma identidade comum, inclusiva, que ajude a organizar a vida comunitária e a solidariedade coletiva, através da afirmação de identidades (como, por exemplo, de setores excluídos ou marginalizados, minorias etc.) que possibilitará transcender a busca de objetivos instrumentais, mais imediatos, sem o que se torna impossível atingir um grau de consciência que se traduza numa postura de corresponsabilidade. Na raiz desse processo encontra-se não apenas o reconhecimento racional da necessidade de ação conjunta para resolver problemas da comunidade, mas também a necessidade subjetiva (e afetiva) de pertencimento dos sujeitos.

A construção da identidade nos movimentos sociais

A questão da identidade é bastante complexa, tendo sido extensamente discutida na teoria social, principalmente devido às transformações que tem sofrido a sociedade globalizada e multicultural. Hall (1999) distingue três concepções da identidade: a do sujeito do Iluminismo, a do sujeito sociológico e a do sujeito pós-moderno.

O ***sujeito do Iluminismo*** era um indivíduo totalmente centrado, unificado, cujo "centro" consistia num núcleo interior, que emergia quando o sujeito nascia e com ele se desenvolvia, permanecendo o mesmo em sua essência. É uma concepção individualista do sujeito e de sua identidade.

O ***sujeito sociológico*** tinha um núcleo interior que não era autônomo ou autossuficiente, mas formado na relação com outras pessoas importantes para ele. Ele permanecia com um núcleo interior que era o seu "eu real", mas este era formado e transformado num diálogo com os mundos culturais "exteriores" e as identidades que esses mundos ofereciam. É uma concepção "interativa" da identidade e do eu.

Entretanto, o que vemos agora é a descentração do sujeito. "Ao longo da modernização das sociedades, as noções essenciais de solidez e de homogeneidade, anteriormente relacionadas à noção de comunidade, são substituídas pela ideia de produção de identidade situada (de pessoa ou grupo) em locais que poderiam estar dispersos" (MAIA, 1999). Esse processo produz o *sujeito pós-moderno*, que assume identidades diferentes em contextos diferentes; seu projeto de identidade é múltiplo, fragmentado, composto de várias identidades multilocalizadas, algumas até contraditórias.

Essa identidade fragmentada implica a inserção dos indivíduos em várias redes de interações. As atenções e as lealdades são divididas em proporções diferentes em cada uma destas redes, o que leva aos seguintes questionamentos: como gerar nas pessoas o sentimento de pertencimento a uma grande rede, obtendo a sua atenção e compromisso com uma causa? Como unir indivíduos com múltiplas identidades e conseguir que eles criem, através do que é comum entre eles, a identidade de um projeto que os unifique?

Trabalhos como o de Toro & Werneck (1996), indicam alguns caminhos válidos para responder a estas questões. O primeiro deles é entender que a participação na mobilização social não é excludente ou discriminatória, de forma que as identidades que as pessoas assumem em suas perspectivas individuais não as impedem de participar do processo mobilizatório, estabelecendo uma identidade coletiva. Em segundo lugar, o consenso necessário para a criação de uma identidade comum não implica a inexistência do conflito. As pessoas devem ser capazes de preservar suas diferenças e conviver com elas e, mesmo que não estejam de acordo entre si, sempre podem entrar em acordo sobre alguma coisa. Isso porque, por mais que as identidades estejam fragmentadas, existem alguns sentimentos e valores comuns, capazes de estimular a participação. Se fôssemos incapazes de estabelecer identidades coletivas, não viveríamos em sociedade.

> A identidade coletiva é o sentido que cada um tem de si mesmo como membro de um grupo social ou coletividade; é um sentido de pertença, de ser parte de um grupo que tem uma história própria e um destino coletivo. (Thompson, 1995, p. 165).

Segundo Maia (2000), um ator coletivo não pode construir sua identidade independentemente de seu reconhecimento por outros atores sociais e políticos, ou seja, a identidade se constrói por meio da necessidade individual de autoconhecimento e reconhecimento – indivíduos buscando se localizar dentro de um sistema de relações.

As identidades coletivas não possuem um formato pré-definido; são parcialmente formadas no processo comunicativo de interação com os outros. Os atores sociais estão envolvidos em um processo contínuo de construção e reconstrução através de autoidentificações, signos advindos de suas experiências e valores culturais. A identidade coletiva pode reunir em seu conceito tanto a igualdade quanto a diferença. Ela é o que nos une ao que é comum e semelhante, ao que está próximo, ao que reconhecemos e nos sentimos pertencentes, possibilitando a criação de um "nós". Já a identidade pela reafirmação da diferença ocorre pela compreensão de um "nós" sempre em oposição a um "eles". Castells (1999) aborda a questão da diferença, ao trabalhar com o conceito de adversário e entender a identidade como "o processo pelo qual um ator social se reconhece e constrói significado principalmente com base em determinado atributo cultural ou conjunto de atributos, a ponto de excluir uma referência mais ampla a outras estruturas sociais".

No processo de construção de identidades, o autor distingue atores sociais que utilizam o material cultural acessível para criar uma identidade, a *identidade de projeto,* capaz de redefinir sua posição na sociedade, buscando a transformação de toda a estrutura social. Essa identidade produz sujeitos que desejam criar uma história pessoal e atribuir significado a todo o conjunto de experiências da vida individual. A construção da identidade, neste caso, consiste em um projeto de vida diferente, expandindo-se no sentido da transformação da sociedade como prolongamento deste projeto de identidade. Os movimentos sociais propositivos buscam uma identidade de projeto, formulada por indivíduos capazes de superar a perspectiva individual e adotar uma perspectiva coletiva, trabalhando com o que é capaz de unificá-los, compartilhando objetivos e opiniões.

Há uma pluralidade de registros que constituem toda identidade. Um movimento social se constitui no encontro de registros de carências e de exclusões de sujeitos sociais em conjunturas políticas específicas. Esses registros podem ser de um dado da realidade, permitindo a confluência de interesses relacionados a esse dado para a existência do movimento, da relação com a memória do movimento e seus antecedentes, fazendo uma comparação da luta atual com referências históricas ao eco das lutas passadas, ou da tradução e incorporação da causa do movimento, dos propósitos por ele defendidos, sua palavra de ordem, estimulando reelaborações culturais do movimento através de seu público.

Os sistemas que compõem um movimento são o que Enriques (s.d.) define como um conjunto de valores, modos de orientação e modos de socialização. Segundo a autora, toda mobilização se estrutura em torno de um mito comum ou põe-se a construir um mito fundador ou heroico. Assim, os movimentos sociais lidam com a necessidade de explicitar seus propósitos sob a forma de um horizonte atrativo, um imaginário convocador que sintetize de forma atraente e válida as metas que se almeja alcançar.

O investimento dos movimentos na criação de símbolos torna-se, então, fundamental devido à capacidade que possuem de desenvolver afetos, paixões. Isto porque a atividade simbólica não consiste em submeter-se a símbolos já existentes, mas em criar novos ou atribuir novos sentidos aos símbolos já instituídos. Os símbolos favorecem a emergência de uma identidade que nunca está acabada, mostrando a perenidade da atividade simbólica e o dinamismo da mobilização.

Os movimentos devem criar condições para a produção simbólica, uma vez que esta se realiza quando a construção dos símbolos cria raízes em um imaginário ativo dos indivíduos. Esse conjunto de sistemas possibilita que identidades fragmentadas e multiculturais sejam reunidas na esfera de confluência e compartilhamento de interesses dos movimentos. Entende-se que cabe à comunicação uma articulação de valores e símbolos no processo de construção da identidade de um movimento, estabelecendo de uma maneira mais estruturada a produção destes símbolos, de forma a orientar e gerar referências para interação dos indivíduos, possibilitando a existência de um sentimento de reconhecimento e pertencimento que seja capaz de torná-los corresponsáveis.

Os fatores de identificação

Para a realização deste estudo considera-se que fatores de identificação são quaisquer elementos que constituem o referencial simbólico da causa de um projeto de mobilização social, capazes de gerar sentimentos de reconhecimento, pertencimento e corresponsabilidade nos públicos do projeto. O efeito dos mesmos opera no campo do simbólico e do não palpável, mesmo quando estes elementos possam ser materialmente observados, tocados ou apropriados. Por isso mesmo, os fatores de identificação não se constituem somente de elementos materiais, mas se estendem desde a postura dos indivíduos integrantes do projeto, suas atitudes e capacidades de resolver problemas, a maneira como conduzem a relação com outras pessoas, o local escolhido para ser sede do movimento, a organização do espaço físico, até mesmo às cores escolhidas do projeto, sua logomarca, *folders*, *slogans*, bandeiras, hinos e outros.

Os fatores de identificação podem ser produzidos pelos movimentos de maneira espontânea, ou seja, sem caráter intencional, a qualquer momento, independentemente de um planejamento prévio. Como exemplo, pode-se citar a postura rotineira dos integrantes de um projeto, elementos mais subjetivos, como olhares, expressões e sentimentos, que geram uma motivação inconsciente etc. As considerações descritas neste estudo irão ater-se aos fatores que, mesmo produzidos a partir de elementos subjetivos, não são totalmente espontâneos e aleatórios, ou seja, podem ser utilizados de forma estratégica, de maneira intencional, planejados para promover uma identificação que contribua para os objetivos do movimento e estudados com maior clareza à luz dos conhecimentos específicos da comunicação e das Relações Públicas. Como exemplo, pode-se citar a logomarca, o *slogan*, eventos, qualquer material de orientação e sinalização, o hino, a bandeira etc.

Estes fatores de identificação estrategicamente gerados são essenciais aos projetos de mobilização, porque são grandes responsáveis por promover o início do processo mobilizador e também por sua manutenção durante todo o tempo de existência do movimento, garantindo a afirmação de uma identidade que possa orientar o mesmo e caracterizá-lo. São também primordiais porque estabelecem e estimulam o início de um processo de mudança de mentalidade nos indivíduos e, consequentemente, com a expansão deste processo, tendem a contribuir também para uma mudança cultural de valores sociais coletivos.

Ao se propor a comunicação mobilizadora como uma coordenação de ações, desafia-se seu papel de gerar e manter canais desobstruídos para a interação entre os indivíduos e o movimento, de maneira organizada e seletiva, envolvendo os diversos públicos por meio da criação, manutenção e fortalecimento de vínculos corresponsáveis. Nesse sentido, os fatores de identificação, podem ser considerados uma coordenação de ações, porque possuem uma função organizadora, são referenciais para as ações e constituem-se como elementos indicadores e provedores da identidade do público com a causa e com o projeto. Como a ação por si só não é referencial, para que ganhe um potencial mobilizador, ela deve estar sempre vinculada e conectada a outras, carregando consigo uma carga simbólica capaz de lhe fornecer uma identidade. Assim, a distinção entre uma simples ação e uma ação que represente uma causa e seja capaz de mobilizar as pessoas é que na segunda são agregados fatores de identificação, que representam o referencial simbólico do projeto, transformando a ação isolada num evento, repartindo e materializando a causa defendida.

Os fatores de identificação possuem o potencial de produzir nos indivíduos reflexões em níveis diferentes. As pessoas, ao fazerem escolhas seletivas e naturais, tendem a apropriar estes fatores de acordo com o que é coerente com o referencial simbólico que trazem dentro de si mesmas. Ao realizarem estas escolhas, os indivíduos são capazes de estabelecer redes associativas de elementos, informações armazenadas na memória conectadas por elos que variam em potência, de acordo com cada situação.

Quando uma pessoa se depara com um fator de identificação, as informações e o significado nele contidos, podem ou não estabelecer conexões com a estrutura de referência apropriada por ela. A capacidade dos fatores de identificação de gerar reconhecimento é que será responsável por estabelecer um processo mais complexo de entendimento das informações recebidas, passível de fazer com que o indivíduo, a partir da apreensão de um conhecimento, seja capaz de reformular seus valores e crenças que refletirão diretamente em suas atitudes e em seus juízos sobre as coisas.

As pessoas estão expostas a um intenso montante de informações todos os dias. Em meio a esta multiplicidade de informações, os indivíduos voltam sua atenção para aquelas que mais lhes atraem por meio de um processo seletivo de escolha. As informações absorvidas podem ou não estabelecer conexões, referências com outras informações que já estão na memória, ampliando a rede do seu próprio conhecimento.

Isso significa dizer que o planejamento e a escolha dos fatores de identificação estrategicamente gerados é de suma importância para o projeto, porque além de representar uma causa a ser defendida, eles devem ser capazes de "tocar" os indivíduos, gerando referências para a apreensão do material simbólico e do conhecimento produzidos pelo projeto. Este processo não assume um caráter manipulador, porque, antes de tudo, representa uma escolha feita pelo próprio indivíduo e, por isso mesmo, a produção desses fatores não pode ser aleatória. Ela deve ser direcionada para orientar os indivíduos a apreenderem um conhecimento, reelaborá-lo de acordo com as informações e valores que trazem consigo e aplicá-lo às situações concretas. Esse processo de apreensão e reelaboração desses fatores assume um caráter pedagógico e, portanto, educativo, de aprendizagem e aplicação de conhecimentos adquiridos.

Assim, os fatores de identificação, para serem coerentes com uma comunicação libertadora, devem ser dinâmicos, abertos e recursivos, permitindo aos sujeitos uma coparticipação no ato de compreensão do significado desses fatores, estando, portanto, fundamentados nas bases da dialogicidade com seus públicos.

Podemos apontar três categorias de fatores de identificação:

- **Fatores de Publicização e Coletivização** – São os fatores de identificação produzidos no sentido de tornar público o projeto de mobilização através de uma simbologia característica que o represente, coletivizando-o para outras pessoas e para a sociedade em geral. São também os elementos criadores da identidade visual do projeto, gerando uma uniformidade visual que facilita o reconhecimento de sua presença pelas pessoas. De certa forma, são os elementos que sinalizam e organizam o projeto, em qualquer lugar onde se encontre, dando materialidade à causa e contribuindo em muito para a geração de uma imagem institucional perante seus integrantes e perante a sociedade em geral. Estes elementos são marca, *slogan*, bandeira, hino etc.

- *Fatores Litúrgicos* – são aqueles que permitem um reconhecimento do ritual, congregam valores e permitem a comunhão entre as pessoas. A liturgia permite a reafirmação da causa do projeto, recuperando o que é comum a todos, ou seja, os valores que permitiram o engajamento das pessoas no projeto e que nortearão todas as ações no sentido de alcançar os interesses convergentes compartilhados. A ritualística promove a manifestação das crenças e a revitalização dos sentimentos e disposições. O que torna a ritualística intensa e perceptiva é o cerimonial bem estruturado, porque, dentro da perspectiva de coordenação de ações, orienta o encontro para que ocorra o diálogo entre os sujeitos. Ações coletivas, passeatas, congressos, reuniões periódicas, dentre outros que congregam e reúnem as pessoas para comunhão de algo maior, organizados a partir de ritualísticas, podem ser caracterizados como fatores litúrgicos.

- **Fatores de Informação Qualificada** – neste grupo está todo tipo de informação que vai além do conhecimento básico a respeito do movimento social, sendo capaz de gerar a mudança de atitudes proposta pelo projeto. Quando apropriada e reelaborada pelos sujeitos, de acordo com suas realidades, esse tipo de informação será capaz de provocar uma mudança cultural. Não possui um caráter manipulador, porque como as informações estão de acordo com os contextos da comunidade na qual se está trabalhando, estimulam os indivíduos a usá-las enquanto sujeitos que participam do mundo e são capazes de uma ação efetiva sobre ele. São informações de caráter mais pedagógico e técnico, que indicam como cada ator social pode atuar com base em seu cotidiano e seu campo de conhecimento. A mudança cultural existe porque a informação qualificada é capaz de estimular a presença curiosa do sujeito em face do mundo e sua ação transformadora sobre a realidade, uma vez que o sujeito apreende o conhecimento, reinventa-o e o aplica às suas situações existenciais concretas. "Este processo de qualificação da informação circulante está intrinsecamente ligado às possibilidades de formular julgamentos, não apenas individuais, mas processados pela comunidade através de avaliação, debate e compartilhamento. O desafio é o de transformar um conjunto latente de informações básicas numa experiência compartilhada que reposicione em outros cenários as questões sobre as quais se deseja atuar. As novas experiências, reconstruídas, uma vez divulgadas, tornam-se por si mesmas novos fatores de identificação e podem causar um efeito multiplicador" (Henriques & Mafra, 2001, p. 8). A informação qualificada é transmitida através dos jornais, cartilhas, relatórios, palestras, treinamentos etc.

A existência das três categorias concomitantemente nos movimentos, é indispensável para que os fatores cumpram seu papel identificador, contribuindo para a mobilização desejável. Os fatores de identificação que permitem às pessoas se reconhecerem em um movimento e reconhecerem a ação de outros que estão atuando como ela em lugares distintos, estimulando-as a pensar em novas maneiras de agir e a serem multiplicadores de uma causa na qual acreditam podem ainda ser caracterizados quanto a três dimensões: estética, ética e técnica.

A **dimensão estética** baseia-se na progressiva intelectualização das sensações resultante da percepção e produção de valores, cujos símbolos possuem uma significação determinada. Estes são capazes de sensibilizar os indivíduos por sua composição estética – é a atração pelo belo. Os elementos estéticos buscam atingir uma estrutura que lhes conforme uma beleza harmônica submetida à essencial função de estabelecer vínculos com os homens. Pode-se traçar uma linha com objetivo de representar qualquer coisa, mas pode-se igualmente traçá-la com intuito de fazer sentir a sua harmonia e o conteúdo que projeta. Assim a dimensão estética está relacionada à beleza e à forma dos fatores de identificação. É o que dá beleza à causa e torna a participação das pessoas no projeto prazerosa, uma vez que as pessoas se mobilizam pelo que é cativante e atrativo.

Toda imagem reclama uma dupla leitura consagrada à decifração de sua organização plástica, sonora ou verbal. Na dimensão estética é possível coordenar os ideais de um projeto sem a necessidade de mediação, pois acontece por meio da percepção imediata. Induz sensações (percepção) antes de induzir uma inteligência, uma opinião. Os fatores estéticos sintetizam associações, remetem e representam valores, não devendo, por isso, apresentar grande mutabilidade.

A **dimensão ética** corresponde a uma dimensão em que são evidenciados valores e crenças dos indivíduos particulares e do coletivo de uma sociedade. Configura o respaldo sobre o qual os interlocutores se apoiam nos processos de entendimento, determinando elos comuns no contexto social que regem e organizam a convivência entre os atores sociais na esfera pública. Aqui, a comunicação se converte em um procedimento apropriado para se alcançar a universalização de valores e normas; a comunhão dos mesmos em espaços públicos busca substituir a subjetividade, construindo um mundo moral assentado na racionalidade ética, que tende a consensos em nome de um bem maior, transcendente à causa em si ou às causas individuais, por meio da conscientização, das vivências, sentimentos e crenças. É o "horizonte ético" (Toro & Werneck, 1996) que dá sentido aos movimentos sociais e explicita seu propósito sob a forma de um "imaginário convocante", sintetizando de maneira atraente e válida os grandes objetivos que se pretende alcançar.

A **dimensão técnica** é a dimensão prática do processo de identificação, representa o *modus operandi.* Aqui são identificados os instrumentos de ação e as circunstâncias viáveis e apropriadas à execução dos objetivos pretendidos. Representa o "como fazer" para se alcançar as metas definidas. É o nível que pretende atingir as práticas dos indivíduos, repassando um conhecimento técnico que possa direcionar seus hábitos cotidianos, tendendo assim a promover uma mudança de valores.

Na verdade, todas as três dimensões estão presentes ao mesmo tempo nos fatores de identificação, uma vez que se completam e se interconectam. Por exemplo, não há estética ou técnica se estas não estiverem orientada por valores. Mas, tomando os blocos de fatores de identificação estrategicamente gerados, é possível analisá-los sobre estes aspectos, e notar uma prevalência de alguns aspectos em alguns elementos.

Um modelo de análise a partir dos fatores de identificação

O modelo de análise proposto neste estudo procura relacionar os diversos tipos de fatores de identificação planejados estrategicamente e enquadrados em uma das três categorias – fatores de publicização e coletivização, fatores litúrgicos e fatores de informação qualificada – com as dimensões predominantes em cada uma.

Essa predominância não significa uma influência somente de uma dimensão e uma exclusão total das outras duas. As três dimensões, estética, ética e técnica, de certa forma, têm de estar presentes em todos os tipos de fatores, havendo uma sincronia e uma complementaridade entre eles. Contudo, ainda é possível identificar uma prevalência de alguma dimensão em cada categoria de fatores de identificação.

Os **fatores de publicização e coletivização** são predominantemente *estéticos* porque utilizam o belo para conquistar o público, tornar visível o movimento através de uma percepção instantânea. Os elementos estéticos procuram vincular-se a um conjunto de expectativas, necessidades e desejos dos indivíduos, definido em relação a algum ponto de referência. Estão diretamente relacionados aos atributos físicos e feições que os caracterizam.

Como esses elementos são os responsáveis pela criação de uma identidade visual e pela sinalização e organização do projeto, o estético se destaca proporcionando coesão, estrutura e identidade ao tornar fácil seu reconhecimento e lembrança por parte dos indivíduos. Sua consistência ao longo do tempo transforma-o em um dos componentes da identidade do movimento, podendo ser imagem visual, *slogan*, *jingle*, metáfora de fácil memorização e compreensão. Proporcionam a formação de associações secundárias criadas por informações divulgadas pelo projeto social. Estas associações secundárias ocorrem quando a associação do elemento de publicização está ligada a outra informação na memória capaz de desencadear um reconhecimento mais amplo do projeto.

Os **fatores litúrgicos** são predominantemente *éticos* porque se referem a valores, crenças das pessoas sobre a vida e comportamentos aceitáveis. Expressam metas que motivam as pessoas a agirem. Apelam para o compromisso cívico, o comportamento e os valores éticos das pessoas. Os valores podem ser sociais, definindo o comportamento aceito por um grupo ou sociedade, ou pessoais, definindo o comportamento aceito por um indivíduo. No âmbito social, aflora a pressão de conformidade exercida pelo grupo e no âmbito pessoal, reflete as escolhas que um indivíduo faz em meio a uma variedade de valores sociais ou sistema de valores aos quais é exposto. Os fatores litúrgicos promovem a comunhão desses valores e princípios na esfera de convivência entre os atores sociais.

Os **fatores de informação qualificada** são predominantemente *técnicos*, pois tratam de questões operacionais e de execução necessárias ao sucesso da mobilização e aos objetivos almejados. Fornecem informações sobre o "como fazer" para se alcançar o desejado. Refere-se a ações específicas com objetivos específicos e planejados para solucionar os problemas percebidos como comuns ao todo. Apresenta as diversas formas pelas quais cada um pode participar de acordo com suas possibilidades e interesses. A dimensão técnica pretende repassar um conhecimento que possa direcionar os hábitos dos indivíduos, para que haja uma mudança efetiva de valores e de atitudes.

A coesão, continuidade e corresponsabilidade são outras três importantes funções que os fatores de identificação exercem, contribuindo para que o projeto possa chegar a seus objetivos. Também neste caso é possível notar a prevalência de algumas funções em relação a outras, que cada bloco de fator de identificação pode gerar.

Como os **fatores de publicização e coletivização** são responsáveis pela criação de uma identidade visual, facilitadora do reconhecimento das pessoas, pode-se afirmar que eles tendem mais a gerar a *prática da coesão* do projeto. Ao sinalizarem e organizarem uma identificação única, que orienta e coletiviza o movimento para outras pessoas, promovem a coesão dos participantes e do projeto como um todo. Sendo o aspecto estético o mais imediato, ele gera esta unidade, facilitando uma identificação das pessoas entre si e das pessoas com o projeto, em qualquer lugar ou ocasião.

Os **fatores litúrgicos**, por promoverem a comunhão dos valores do projeto, tendem mais a gerar a *prática da continuidade*, permitindo uma recuperação da causa do projeto. Essa estratégia de aproximação entre os envolvidos por meio da comunhão é muito importante porque permite que as pessoas se sintam legitimadas, respaldadas e predispostas a prosseguir no movimento. A renovação e a evolução dos valores éticos voltadas para a mudança da realidade são fundamentais para que esses valores, comuns a todos, possam garantir a continuidade da existência e legitimação do projeto diante de seus integrantes e perante a sociedade como um todo.

Já os **fatores de informação qualificada**, sendo responsáveis por levar as informações capazes de fornecer às pessoas subsídios para uma mudança de hábitos e atitudes, tendem mais a gerar a *prática da corresponsabilidade*. A apropriação e a reelaboração do conhecimento pelos sujeitos sociais, relacionadas ao aspecto técnico, tendem a fazer com que as pessoas se sintam responsáveis pela mudança de seus cotidianos, sendo também corresponsáveis com a causa e com o projeto. Assim, as ações das pessoas, por estarem apoiadas em tais informações, tendem a se caracterizar como ações corresponsáveis, que passarão a incorporar os valores compartilhados nos hábitos destes indivíduos, representando, num prazo mais longo, uma mudança cultural.

Conclusão

A comunicação, num enfoque adequado à mobilização social, foi posta em estudo devido a um caráter distinto que lhe é apropriado, tomando por base as próprias configurações dos movimentos sociais. Muito mais do que uma simples divulgação e propagação, a comunicação pode ser vista como o aspecto mais importante no processo de mobilização. Em vista disso, o conhecimento e o desenvolvimento da comunicação são fundamentais para os projetos de mobilização, principalmente no novo cenário social, no qual as lutas pelo reconhecimento tornam-se, sem dúvida, lutas por visibilidade.

Através das contribuições do campo comunicativo, é possível planejar a vinculação dos públicos de um projeto de mobilização social de uma forma coerente com sua proposta na sociedade, utilizando a comunicação de uma forma participativa, descentralizada e aberta. A partir da criação de fatores de identificação que sejam capazes de materializar a causa, que possuam uma estética apropriada aos valores norteadores do movimento e que orientem e gerem referências para as ações das pessoas, seja em espaços estrategicamente construídos ou nos seus próprios cotidianos de atuação, é possível afirmar que o projeto de mobilização social conseguirá, muito mais do que visibilidade na sociedade, uma contribuição para a formação de indivíduos corresponsáveis com os problemas da sociedade em que vivem.

A participação na mobilização depende da vontade das pessoas e, para que ela ocorra, é necessário que os movimentos se preocupem com o processo de identificação, possibilitado pela comunicação. Negligenciar os fatores de identificação impossibilita a existência de vínculos fortes entre os vários atores participantes, porque os fatores são o elo entre os indivíduos e o projeto, ou seja, vinculam as pessoas desde os níveis mais primários até o nível de corresponsabilidade. O modelo de análise apresentado foi construído para qualificar os diferentes tipos de fatores de identificação e para possibilitar um planejamento dos mesmos, conhecendo-os de acordo com as funções e as características que lhes são peculiares.

O ideal da comunicação, entendida de uma forma dialógica, educativa e de coordenação de ações, é a geração de vínculos corresponsáveis. Por permitirem a vinculação até este nível, os fatores de identificação devem ser a base de qualquer composto comunicacional planejado pelos movimentos sociais.

A preocupação em desenvolver as três categorias de fatores simultaneamente se justifica pela complementaridade e a sincronia que deve existir entre eles, para que reafirmem a importância uns dos outros, permitindo um entendimento do projeto como um todo. Assim, mesmo que as dimensões estética, técnica e ética estejam presentes em diferentes proporções em cada fator, o conjunto desses fatores propiciará uma compreensão equilibrada de todas as dimensões e uma identificação não fragmentada do projeto.

Vale ressaltar também que, em cada fator, ainda que uma das dimensões se destaque mais, as outras também devem ser elaboradas para proporcionar harmonia e, o mais importante, potencializá-lo no processo de reconhecimento e identificação.

A atividade de Relações Públicas tem por princípio o estabelecimento de vínculos entre as organizações e seus públicos, a partir da estruturação de uma rede que organize a criação e a manutenção destes elos, possibilitando uma compreensão maior do processo comunicativo. O estudo da identificação indica um caminho válido para o estabelecimento de vínculos nos movimentos sociais, o que consiste em um enriquecimento para o exercício do profissional de Relações Públicas, que precisou adotar uma nova postura diante das demandas que surgiram na sociedade contemporânea.

Essas demandas nada mais são do que reflexos dos valores e problemas da sociedade e, se um movimento se propõe a transformar a realidade vigente, ele deverá propor uma reelaboração dos valores dos homens que a compõem. Este é um processo educativo, de mudança de repertórios e atitudes. Os resultados não são a curto nem a médio prazo, porque o aprendizado relativo à vivência prática é espontâneo e lento. Mas pode ser orientado pela comunicação, que, por possuir uma função referencial e organizadora, é capaz de estabelecer uma coordenação de ações, direcionando o aprendizado e fortalecendo os vínculos dos públicos não somente com os movimentos, mas principalmente com sua causa, que tende a ser incorporada.

Referências

BERGER, Christa. *Identidade e visualidade do MST*. Anais do XXIII Congresso Brasileiro de Ciências da Comunicação – Intercom. Manaus/AM: Intercom, 2000. (CD-ROM).

BOAL, Augusto. *Jogos para atores e não-atores*. Rio de Janeiro: Civilização Brasileira, 1999.

BRAGA, Clara S. & MAFRA, Rennan L. M. *Diagnóstico de comunicação do Projeto Manuelzão: a construção de um modelo de análise*. Anais da I Semana de Relações Públicas de Santa Catarina. Itajaí/SC, 2000.

BRAGA, José Luiz. *Aprendizagem versus Educação na Sociedade Mediatizada*. Anais do 10º Encontro Anual da Associação Nacional de Programas de Pós-graduação em Comunicação - Compós. Brasília/DF: Compós, 2001. (CD-ROM).

BUBER, Martin. *Eu e Tu*. 2. ed. São Paulo: Editora Moraes, s.d.

CASTELLS, Manuel. *O Poder da identidade. "A Era da Informação: economia, sociedade e cultura"*. São Paulo: Paz e Terra, 1999.

CÉSAR, Regina C. Escudero. *As relações públicas frente ao desenvolvimento comunitário*. Comunicação e Sociedade, n. 32. s.d.

COSTA, Sérgio. *Movimentos sociais, democratização e a construção de esferas públicas locais*. RBCS, volume 12, n. 35, outubro/1997.

Diagnóstico de Comunicação do Projeto Manuelzão – Relatório Fase 1. Belo Horizonte: julho/2000. (mimeo)

Diagnóstico de Comunicação do Projeto Manuelzão – Relatório Fase 2. Belo Horizonte: dezembro/2000. (mimeo)

Diagnóstico do Jornal Manuelzão. Belo Horizonte: dezembro/1999. (mimeo)

ENRIQUEZ, Eugène. *Como estudar as organizações locais*. Revista do SEBRAE-MG. CENCA-DCO, Artigo 2. s.d. p. 6-13.

FERNANDES, Adélia Barroso. *Papel reflexivo da mídia na construção da cidadania. O caso do movimento antimanicomial – 1987 a 1997*. Dissertação de mestrado, 1999.

FREIRE, Paulo. *Extensão ou comunicação?* 6.ed. Rio de Janeiro: Paz e Terra, 1982. 93p.

GÓMEZ-HERAS, José M. García. *Ética y Hermeneutica-ensayo sobre la construcción moral del mundo de la vida cotidiana*. Madrid: Editorial Biblioteca Nueva, 2000.

HALL, Stuart. *A identidade cultural na pós-modernidade*. Rio de Janeiro: DP&A, 1999.

HENRIQUES, Márcio S., BRAGA, Clara S. & MAFRA, Rennan L. M. *Planejamento de comunicação para projetos de mobilização social: em busca da co-responsabilidade*. Anais do XXIII Congresso Brasileiro de Ciências da Comunicação – Intercom. Manaus / AM: Intercom, 2000. (CD-ROM).

HENRIQUES, Márcio S. & MAFRA, Rennan L. M. *Estratégias comunicativas para a ação co-responsável: um estudo de caso*. Anais do VIII Simpósio da Pesquisa em Comunicação da Região Sudeste – Sipec. Vitória / ES: VIII Sipec, 2001. (CD ROM)

HENRIQUES, Márcio Simeone. *O planejamento sistêmico da comunicação*. Anais do XXI Congresso Brasileiro de Ciências da Comunicação – Intercom. Recife / PE: Intercom, 1998. (CD-ROM).

HUYGHE, René. *O poder da imagem*. Lisboa – Portugal: Edições 70 Ltda.

KUNSCH, Margarida M. K. *Relações Públicas e Modernidade. Novos paradigmas da comunicação organizacional*. São Paulo: Summus, 1997.

MAIA, Rousiley Celi Moreira. *A identidade em contextos globalizados e multiculturais*. Belo Horizonte: GERAES – Revista de Comunicação Social, n. 50, 1999.

MAIA, Rousiley Celi Moreira. *Identidades coletivas: negociando novos sentidos, politizando as diferenças*. Porto Alegre. 2000.

MATURANA, Humberto. *Emoções e linguagem na educação e na política*. Belo Horizonte: Editora UFMG, 1998.

MUNCK, Geraldo L. *Formação de atores, coordenação social e estratégia política: problemas conceituais do estudo dos movimentos sociais*. Rio de Janeiro: DADOS – Revista de Ciências Sociais, v. 40, n. 1, 1997.

PERUZZO, Cicília Maria Krohling. *Comunicação nos movimentos populares*. Petrópolis: Vozes, 1998.

QUESADA, Gustavo. *Comunicação e Comunidade: Mitos da mudança social*. São Paulo: Loyola, 1980.

SCHERER-WARREN, Ilse. *Cidadania sem fronteiras: ações coletivas na era da globalização*. São Paulo: Hucitec, 1999.

TAVARES, Mauro Calixta. *A força da marca: como construir e manter marcas fortes*. São Paulo: Harbra, 1998.

THOMPSON, John B. A transformação da visibilidade. In: *A mídia e a modernidade*. São Paulo: Vozes, 1998.

THOMPSON, John B. A nova ancoragem da tradição. In: *A mídia e a modernidade*. São Paulo: Vozes, 1998.

THOMPSON, John B. A reinvenção da publicidade. In: *A mídia e a modernidade*. São Paulo: Vozes, 1998.

TORO A., Jose Bernardo & WERNECK, Nísia Maria Duarte. *Mobilização Social: Um modo de construir a democracia e a participação*. Brasília: Ministério do Meio Ambiente, Recursos Hídricos e Amazônia Legal, Secretaria de Recursos Hídricos, Associação Brasileira de Ensino Agrícola Superior – ABES, UNICEF, 1996, 104 p.

WOLTON, Dominique. As contradições do espaço público mediatizado. In: *O novo espaço público*. Paris: RCL, 1995.

Este livro foi composto com tipografia Palatino e impresso
em papel Off Set 75 g/m² na Gráfica Paulinelli